中國學術思想 研究輯刊

五 編

林 慶 彰 主編

第 5 冊

王船山易學闡微

曾 春 海 著

花木蘭文化出版社

國家圖書館出版品預行編目資料

王船山易學闡微／曾春海 著 — 初版 — 台北縣永和市：花木
蘭文化出版社，2009〔民98〕
序 2+ 目 4+156 面；19×26 公分
（中國學術思想研究輯刊 五編；第5冊）
ISBN：978-986-254-034-3（精裝）
1.（清）王夫之 2.學術思想 3.易學 4.研究考訂
121.17   98014796

ISBN - 978-986-2540-34-3

中國學術思想研究輯刊
五 編 第 五 冊   ISBN：978-986-254-034-3

王船山易學闡微

作　　者	曾春海
主　　編	林慶彰
總 編 輯	杜潔祥
出　　版	花木蘭文化出版社
發 行 所	花木蘭文化出版社
發 行 人	高小娟
聯絡地址	台北縣永和市中正路五九五號七樓之三
	電話：02-2923-1455／傳眞：02-2923-1452
網　　址	http://www.huamulan.tw 信箱 sut81518@ms59.hinet.net
印　　刷	普羅文化出版廣告事業
封面設計	劉開工作室
初　　版	2009 年 9 月
定　　價	五編 20 冊（精裝）新台幣 33,000 元

王船山易學闡微

曾春海　著

作者簡介

　　曾春海，民國三十七年出生，江西省瑞金月縣人，私立輔仁大學哲學所博士，民國66年畢，美國哥倫比亞哲學所研究畢業。

　　經歷：私立輔仁大學哲學系專任副教授、政大哲學系退休教授，現職中國文化大學哲學系。

　　著作：《兩漢魏晉哲學史》、《易經的哲學原理》、《中國哲學概論》等12本。

提　　要

　　本論文共計六章，旨在闡釋船山易學之哲學思想。

　　第一章旨在介紹船山：其人、其書及其哲學思想形成之背景。

　　第二章旨在探討船山治易之方法，共分為五節。第一節依其學易之情態、著易之時間與內容，以觀其研易之經歷與特色。第二節依船山對若干易學家之評議，舉其要者陳述之，期能側面尋出其治易之基本立場與著眼點。第三節則由船山對周易成書之看法，及其對易學研究的價值觀，以明其治易所持之基本信念—伏羲準天理以標卦象；第四節闡釋船山據易書「神無方，易無體」之言，以其「無期而有節」之立論，而評議他家之未能合乎主義理，切人事，以成德成業之聖學正訓者，藉此以彰明其治易之著眼點與立場。第五節則由船山於晚年周易內傳發例中，所自述之易學研究法，提示其易學研究之綱領，分項予以闡釋，期能具體把握其易學研究之方法。

　　第三章採討船山易學之宇宙論。

　　第四章闡釋船山易學之人性論。

　　第五章闡釋船山易學之生命哲學，共分為三節。第一節介紹「生命哲學」一詞之意蘊，第二、三節闡釋船山由普通生命流行之宇宙。

　　第六章結論。首先將易學自孔子以迄明清之際，其間傳授及研究法之流變，作一鳥瞰，以檢討船山是否貫徹其「四聖同揆」之治易立場。復將本論文所闡述之船山易學思想，分別作一綜要評論。

目次

序　言

　　夫研幾探微莫深乎《易》，《禮記經解》云：「絜靜精微，《易》教也。」歷來學者多推之為群經之首，余嘗以四書為題材，撰寫碩士論文。嗣經沉思，欲探溯儒家思想本源，於《周易》誠有戮力學習之必要，由是研《易》之念生焉。

　　顧《易》學廣矣！古今鴻儒萃力於斯者，不知凡幾。或求其理，或演其圖，或明其數，故典冊充棟，望之興嘆！及讀船山行誼，於其志節之高，欽仰無既，繼覽其《易》學，義蘊宏深，遂決心加以鑽研，更冀藉之以為異日旁通諸家《易》理之基礎也。

　　船山生于憂患之世，以一介書生而抱「知其不可，而為之」之精神，忠義奮發，謀挽狂瀾，力圖光復。及事敗，乃退隱山林，潛修著述，旨在維繫民族文化命脈於不墮耳。其所迸發之深厚生命力，躍然紙上，其志洵可敬，其行益可感，而其遇則可慨！讀其書則不禁想見其為人焉，敬佩之餘，益以讀書人貴在效其志，余雖不才，竊願並此表彰船山偉烈之人格精神，以激勵時風。

　　若其《易》學，側重義理，宗橫渠而融攝濂溪、伊川、朱子之說。徐世昌先生於《清儒學案，船山學案・序錄》，有言：「船山生當鼎革，隱居求志四十餘年，是以成書最富，生平為學，神契橫渠，羽翼朱子，力闢陸王。於《易》根底最深。凡說經必徵諸實，甯鑿勿陋，囊括百家，立言胥關人心世道。在諸大儒中，與亭林、梨洲為鼎足，晚季始得同祀廟廡。」其《學案》中復云：「治經於《易》致力最深，不信陳摶之學亦不信京房之術。於先天諸圖、緯書雜說，皆排之甚力。亦不空談玄妙，附合老莊之旨。言必徵實，義

必切理。」蓋船山先生本「眞知實踐」之精神，研實學，養眞才，深悟內敦道德，外行仁義之儒學宗旨，而云：「聖人畫象、繫辭，爲精義安身之至道。」（《周易》內傳發例》）其《易》學中尊生、彰有、主動、變通、率性、時行、廣大和諧及崇德廣業諸義，精采感人，頗能振人生於憂患，勉吾人以實踐。其所表彰之《易》學價值，在於極天人之理，盡性命之蘊，法天地生生之仁德，發爲經國濟民之大業，以成己、成人、成物，而上臻天人合一之聖人境界。

　　船山先生著述浩繁，且多爲註疏體裁，故思想精義散見篇章，董理匪易，余也不敏，雖願言述，或恐不免掛漏之譏，而復有云者，但期拋磚引玉，倘能宏揚先生之精言奧義，發先生之潛德幽光於什一，從而裨益吾民族道德之重振與文化之復興，豈惟余個人之幸，抑亦國家之幸歟？

　　撰述期間，承蒙　羅光教授撥冗指導，周紹賢教授惠予指正，謹此致謝。並祈師長及同好，不吝賜正爲幸。

第一章　王夫之先生傳略

第一節　身世述要

　　王夫之先生，字而農，號薑齋。中歲更名壺，自稱一壺道人，又稱一瓠道人。其他別署甚多，晚歲仍用舊名，後復因隱居湘西蒸左之石船山，學者尊稱爲「船山先生」。

　　船山於明神宗萬曆四十七年乙未九月初一，生於湖南衡州回雁峯下之王衙門。清康熙三十一年壬申正月初二卒於湘西金蘭鄉石船山下之湘西草堂。享年七十四歲（1619～1692）。船山世出太原姬姓之後，本江蘇揚州高郵人。明永樂初，其先祖上都尉公王成，官衡州尉，遂爲衡州之衡陽人。世代皆以軍功顯名，至高祖處士公王寧，始以文墨教子弟。父徵君公字逸生，一字脩候，人稱「武夷先生」。船山，其季子也。

　　船山少賦英才，讀書十行俱下。年二十四，與兄介之同應崇禎壬午科湖廣鄉試，皆獲雋舉，因流賊李自成、張獻忠作亂，路途受阻，而不克赴會試。翌年（崇禎十六年，西元 1643 年），張獻忠攻陷衡州，紳士降者授以僞官，不降者縛而投諸湘水，船山乃逃匿南嶽雙髻峰下，闖賊執質武夷公以招之，船山自刺肢體，創甚，舁往易父，賊見其創，遂免之，父子俱得脫，復走匿雙髻峰下。

　　崇禎十七年，李自成破北京，崇禎自縊。船山聞之，連日涕泣不食，作悲憤詩一百韻，吟已輒哭。隆武元年（1645），清兵下南京，船山顧念世食朝祿之恩，憫傷宗社覆亡之痛，雖知大勢已去，獨慨然誓死抗清。永曆二年（1648）十一月，武夷公卒。次年十月，先生與管嗣裘興兵衡山，戰敗，遂走赴肇慶。永曆四年，船山於梧州任「行人介子」之職。時吳黨、楚黨內訌，

紀綱大壞，船山曾三次上書，劾內閣王化澄結奸誤國，王化澄恨甚，必欲殺之，其黨競致力焉，會有降帥高必正慕義營救之，方得不死。高氏係闖賊舊將，船山以其人國魑也，故不以私恩釋憤。返桂林依瞿式耜，聞母病，間道歸衡陽，至家時，譚太孺人已卒。其後南明忠臣烈士先後遇害，船山知勢愈不可為，遂決意退隱林泉，潛心著述。其奔赴國難，艱險備嚐，前後凡七年之久，忠肝義膽，令人感佩之至。

　　船山四十二歲（1660），徙居湘西金蘭鄉高節里，卜築于茱萸塘，名曰「敗葉廬」，以寄國破家亡之痛。五十一歲冬（1669 年），於衡陽石船山前構築草庵，題曰「觀生居」，並作〈觀生居銘〉。此後數年，冬春居「觀生居」，夏秋則仍居「敗葉廬」，歲以為常。康熙十四年（1675），年五十七，於石船山下仍里人舊址，築「湘西草堂」，作為講學之處，遂為歸休之所。七十三歲時作〈船山記〉，蓋居此山者，已十七年矣。七十一歲（1689），自題其像云：

> 把鏡相看認不來，問人云此是薑齋。龜於朽後隨人卜，夢未圓時莫浪猜。誰筆仗，此形骸，閒愁輸汝兩眉開。鉛華未落君還在，我自從天乞活埋。（王敔〈薑齋公行述〉，輯於《船山遺書》，冊一，頁9）

康熙三十一年（1692）正月初二，午時，卒於湘西草堂，享年七十有四。葬衡陽金蘭鄉高節里大羅山，自題墓碑曰：「明遺臣王夫之之墓」，自為銘曰：

> 抱劉越石之孤忠而命無從致，希張橫渠之正學而力不能企。幸全歸于茲邱，固銜恤以永世。（潘宗洛〈船山先生傳〉，輯於《船山遺書》，冊一，頁6）

是知船山偉烈之精神，光輝之人格，浩然之正氣，足與日月爭輝，與天地同長久，誠為萬世讀書人之楷模。是以，唐鑑於其所撰《清學案小識》，卷三，有云：

> 先生理究天人，事通今古，探道德性命之原，明得喪興亡之故。流連顛沛而不違其仁，險阻艱難而不失其正。窮居四十餘年，身足以礪金石；著書三百餘卷，言足以名山川。避跡自甘，立心恒苦；寄懷彌遠，見性愈真。奸邪莫之能攖，渠逆莫之能懾，嶔崎莫之能躓，空乏莫之能窮。先生之道可以奮乎百世矣！

吾人觀船山之一生，實可當之無愧矣！〔註1〕

〔註 1〕 本節資料取材於下列諸文：
　　　　王夫之《家世節錄》，《薑齋文集》，卷十，《船山遺書全集》第十九冊（中國

第二節　哲學著述

　　前節言船山由二十六歲至三十三歲，秉民族大義，而奔走國難，後因大勢已去，乃於悲憤之餘，退隱林泉，潛心治學，冀傳楮墨於來世，藉以續聖學之命脈也。唐鑑曰：

> 先生之著書也，大抵爲人心之衰，世道之遞，學術之不明也。汪洋浩瀚，煙雨迷離，以縣邈曠遠之詞，寫沉菀隱幽之志，激而不盡其所欲言，婉而不失其所宜語，蓋胸中之蘊蓄深，而腕下之樞機密也。
>
> 斯其爲有道君子乎！〔註2〕

船山著書四十年如一日，迄于晚年，體弱多病，雖腕不勝硯，指不勝筆，猶時置楮墨于病第旁，力疾而纂註也。〔註3〕

　　船山著書三百餘卷，〔註4〕其立言，足以發揚國魂，砥礪志節。清儒劉繼莊曰：「洞庭之南，天地元氣，聖賢學脈，僅此一線耳！」〔註5〕其遺著因「家貧，筆札多取給於故友及門人，書成因以授之，藏於家者無幾矣。」〔註6〕且「先生竄身猺峒，絕迹人間，席棘飴荼，聲影不出林莽，門人故舊又無一有氣力者爲之推挽，沒後十四年，〔註7〕遺書散佚，其子敔始爲之收輯推闡，上之督學，宜興潘先生，因緣得上史館，立傳儒林，而其書仍湮滅不傳，後生小子致不能舉其名姓，可哀也。」〔註8〕故後人搜集頗爲不易。茲將其遺著刊印情形，略述於後：〔註9〕

　　　　船山學會及自由出版社聯合印行，民國61年11月重編初版）。

　　　　王敔〈薑齋公行述〉，《船山遺書全集》第一冊（同上），頁9～14。

　　　　潘宗洛〈船山先生傳〉，《船山遺書全集》第一冊（同上），頁3～8。

　　　　唐鑑《清學案小識》，第一冊卷三（台灣商務印書館）。

　　　　王孝魚〈船山先生年譜〉，《船山學譜》（廣文書局，民國64年4月初版）。以下簡稱《王譜》。

　　　　張廷榮〈船山生命哲學之研究〉，《台灣湖南文獻季刊》第六、七期合刊。

〔註2〕唐鑑《清學案小識》，卷三，第64頁（台灣商務印書館）。

〔註3〕王敔〈薑齋公行述〉，《船山遺書全集》第一冊，第12頁（中國船山學會及自由出版社聯合印行。）。

〔註4〕唐鑑《清學案小識》，出處見註2。

〔註5〕劉繼莊《廣陽雜俎》，卷二，轉載於王孝魚所編《船山學譜》85～86頁。

〔註6〕王敔〈薑齋公行述〉，出處見註3。

〔註7〕此處《船山遺書全集》中印爲四十年，實十四年之誤，此可參見王敔〈薑齋公行述〉，《船山遺書全集》冊一，第14頁。

〔註8〕鄧顯鶴〈船山著述目錄〉，《船山遺書全集》冊一，第21頁。

〔註9〕此處一至六條係轉載方豪先生〈王船先生的生平及其思想〉一文，《東方雜

一、初刻本：爲先生子敔及門人、姻戚、友好所刻。僅若干種，後增刻之，共十餘種。

二、舊刻本：道光初，先生六世孫承佺輯。道光七年（1827），七世孫世全刻。共十八種。

三、曾刻本：同治四年（1865），曾國藩、國荃兄弟，刻於金陵。舊刻本十八種中，僅《四書訓義》一種未刻。而所增刻者甚多，共達五十八種。

四、曾氏補刻本：成於光緒十年至十三年（1884～1887）間，增收五種，共六十三種，多附勘記。

五、劉氏補刻本：亦稱長沙刻本。乃劉人熙先生（更生），於光緒十九年（1893）至民國六年（1917）間所搜。加王之春所刻《四書箋解》，較曾刻本爲多。

六、太平洋書店排印本：民國十年至二十年（1921～1931）間，又得若干種。十九年（1930）湖南省政府亦得手稿十餘種。經李澄宇整理後，於二十二年（1933）十二月，交由上海太平洋書店排印，共七十種。

七、船山學會與自由出版社蕭天石先生等人聯合印行本：民國六十一年（1972），依據上海太平洋書店排印之八十冊線裝本，參以光緒間武昌複刻曾文公鑴本之十八開一百冊本殘卷，重爲編印，并予增訂序、論、勘正譌誤，仍依原訂經、史、子、集四部之編例，類分爲二十二冊，凡七十種，都三百五十八卷（所增附《船山學術研究集》一冊除外），〔註10〕依鄧顯鶴之船山著述目錄，〔註11〕有書名、篇名可考而未收入《船山遺書全集》者，書凡二十四種，文凡十一篇。然而《船山遺書全集》對船山遺著之搜集，已可謂不遺餘力，係目前台灣最完備者。茲依自由出版社所刊印之《船山遺書全集》中，有關哲學之著述，略爲分列於下：

經　部

《周易內傳》六卷

《周易內傳發例》一卷

《周易大象解》一卷

《周易外傳》七卷

誌》，復刊第六卷，第三期，第 21 頁。

〔註10〕《船山遺書全集編刊記略》，見《船山遺書全集》冊一，第 58 頁。

〔註11〕出處見《船山遺書全集》，冊一，第 17 頁。

《尚書引義》六卷

《詩廣傳》五卷

《禮記章句》四十九卷

《春秋家說》三卷

《春秋世論》五卷

《四書訓義》三十八卷

《讀四書大全說》十卷

史　部

《讀通鑑論》三十卷附一卷

《宋論》十五卷

子　部

《張子正蒙注》九卷

《思問錄內篇》一卷

《思問錄外篇》一卷

《俟解》一卷

《老子衍》一卷

《莊子解》三十三卷

《莊子通》一卷

《相宗絡索》一卷

第三節　哲學思想之形成背景

　　船山著書三百餘卷，圓融四部，涉及百家，而以儒家為宗，其哲學思想源本於《周易》，其治學不僅融會儒家諸般經典；且旁及諸子百家，藉以羽翼經史而表彰聖學。茲試由時代學風、家學淵源及船山與諸家學派之關係，以窺其哲學思想形成之背景。

一、時代學風

　　船山生逢明末清初，異族侵逼，明室淪亡之際，彼時諸多學者深懷亡國之痛，而憤慨明末學術之空疏不足扶助國家於富強，尤鑑於王學末流玄虛，而發猛烈之抨擊，由此可反映出當時學風承王學末流之空疏後，人心厭倦之

情態。

　　復因明末西學東漸，西方科學新文化與傳統文化之會合激盪，而產生實利實用之價值觀。乃於學理上益引發出實學、實證及實事求是之反虛精神，造成程朱學派之復興。〔註12〕程朱學者或標榜實學實證，或倡言身體力行，如是所交互孕育出來之新思潮，乃轉變宋明理學之方向與態度，其對於清代學術思想之發展，為由「厭倦主觀的冥想而傾於客觀的考察」，〔註13〕於是重實學、讀古書之風於焉產生，然而愈讀則愈覺求真解之不易，為求真知實學而轉於先求諸訓詁名物、典章制度等，於是訓詁、考證之樸學興起。〔註14〕彼時考據大家中有方以智著《通雅》五十二卷，皆考證名物、象數、訓詁、音聲，極為精博，《四庫提要》贊以：「窮源溯委，詞必有徵，在明代考證家中可謂卓然獨立。」船山與方以智深交至篤，〔註15〕彼此於治學方面相互影響。船山於所著諸經「稗疏」中，所做若干名物訓詁之考證，《四庫提要》亦予以稱道，並收入《皇清經解》中，值得注意者，其考據徵實，非僅限於舊本，且尤留心於實事、實物之考察。例如其闡釋《周易》，有物有則，常旁徵於史事以驗易理，其《周易稗疏》、《周易考異》更且符應時代之學風。大抵船山之治學，言必有物，義必有徵，事必有據。

二、家學淵源

　　船山雖自標蘄嚮於橫渠之學，然而此乃其學之歸宿處。至論其發軔處，則有待於探索其家學淵源。船山之父武夷先生、仲父牧石先生、長兄石崖先生〔註16〕均為宿儒，名籍士林。其中尤以武夷先生對船山一生學術思想影響至鉅，康侶叔謂：「船山學術之根本精神，船山學術之基點和核心。我們正可從他身上發現出來。」〔註17〕

〔註12〕見黃公偉先生所著，《宋明清理學體系論史》，第三十章，〈清初經世致用新學風〉，幼獅書局印行，民國60年9月出版。

〔註13〕見梁啓超《中國近三百年學術史》，第1頁。台灣中華書局，民國58年5月台5版。

〔註14〕梁啓超，《清代學術概論》，第9頁。商務人人文庫。

〔註15〕見張西堂著《王船山學譜》，第四章，師友記，台灣商務印書館，民國61年4月版。

〔註16〕船山伯兄介之長船山十三歲，學者稱石崖先生，著有《周易本義質》，《春秋四傳質》，《詩傳合參》，《春秋家說補》等書。

〔註17〕見康侶叔〈王船山的家學淵源〉，《民主評論》，第六卷，第10期。

茲依船山所言以窺知武夷先生在其心目中之典範，船山曰：

> 先君子早問道於鄒泗山先生〔註18〕承東廓之傳，〔註19〕以眞知實踐爲學。……凡洗心退藏不欲暴見者類如此。（〈顯考武夷府君行狀〉）

又曰：

> 萬曆間，諸以理學名者，拱手曳裾，襀褶峨巾以爲容。先君口無過言，身無嫚度，而坦易和粹，衣冠亦如時製，無所矜也。……大約窺先君之志，以不求異於人爲高，以不屑浮名爲榮。（《薑齋文集》，卷十，〈家世節錄〉）

由以上二段引文，可想見武夷公敦本尙實態度，刊落聲華，洗心藏密之學風，彼從東廓一脈，越過陽明直趨濂洛，超越於當時狂禪派及文士派紛紜馳騖之外。在此吾人將船山若干重要言論與上引二文比觀，則可知船山學術思想多方面淵源，確有自於武夷公，茲舉其要如下：

（一）「以眞知實踐爲學」

此學風不僅爲武夷公承東廓之傳，亦爲船山敦本尙實之治學特色。船山主張：「知之盡，則實踐之而已。實踐之，乃心所素知，行焉皆順，故樂莫大焉。」〔註20〕蓋王學末流之爲人所詬病者，乃在袖手「講」良知，而非身體力行之「致」良知。東廓先生則能「諄切於戒愼恐懼，實致於子臣弟友」〔註21〕武夷公師承其學，以教子弟，船山承此家學，戮力實踐之，在其遺著中常見其痛恨晚明學術之空疏，力詆王學末流之弊害，而力倡眞知實踐、經世致用之學以矯其弊。

由前引文可知，明萬曆年間，若干以理學自名者，「拱手曳裾，襀褶峨巾以爲容。」而武夷公「衣冠亦如時製，無所矜也。」自提誠意爲省察密用。於潛移默化中，船山深受武夷公「以不求異於人爲高，以不屑浮名爲榮」之

〔註18〕鄒泗山，名德溥，東廓次孫，承其家學，學者稱泗山先生。《明儒學案》，卷十六，載其講性命之學甚詳。

〔註19〕鄒東廓，名守益，字謙之，號東廓，爲泗山之祖父，江西安福人，學者稱東廓先生，著有《東廓集》。與羅念庵、聶雙江、劉兩峰同是江右王門重鎮，江右王門以主靜歸寂，戒愼力行，爲學多不贊成「見在良知」說，而與越中狂禪派異趣，而最得陽明眞傳。東廓之學，即主戒懼，此可參見《明史·儒林傳》，〈鄒守益傳〉及《明儒學案·江右學案》。又《明儒學案》中，泗山作四山。

〔註20〕見王夫之《張子正蒙註》卷五，〈至當篇〉。

〔註21〕此係孫夏峰讚東廓語。詳見《理學宗傳》，卷二十一。

人格所影響，因而奠立其一生重實斥虛之學術方向。且深植其「荒山敝榻，終歲孳孳，以求所謂育物之仁，經邦之禮。」〔註22〕之洗心藏密工夫，由《船山遺書》中亦可見武夷公「奉誠意爲宗，密藏而力行之」之眞傳。例如船山曰：「善人而學，則洗心藏密而入聖人之室矣，聖非不可學而至也。」〔註23〕「行而後知道，道猶路也。」〔註24〕此種重「誠意」「力行」之工夫爲先生於學術思想上超卓彼時王學末流之處。

（二）「體道要以達微言」

船山在其《遺書》中多處立論喜講「精義」或「微言大義」，可見其得武夷公「發爲文章，體道要以達微言」之薪傳。例如：「天下之喻微詞，察精意以知幽明之故者，鮮矣。」〔註25〕

> 聖人之道，有大義，有微言。故有宋諸先生推極於天，而實之以性，覈之心得，嚴以躬行。〔註26〕

> 古先聖王之仁育而義正者，精意存乎於外，微言善其變通，研諸慮，悅諸心，徵之民而無怨於民。〔註27〕

由此可知船山深得乃父之傳，極重視義理之研究。此外，船山春秋之學亦深得乃父造就。〔註28〕

總之，船山之學，其歸根立命處實從武夷公發展而來，其治學終由泗山而上接東廓學脈，以家傳爲基點，而發揚光大之。〔註29〕神契橫渠，旁通老莊，研易，論史，以形成其所特有之洗心藏密，極深研幾之學風。

三、船山與諸家學派之關係

船山子王敔於《薑齋公行述》論乃父學歷時有云：

> 至于守正道以屏邪説，則參伍於濂、洛、關、閩，以闢象山、陽明之謬，斥錢、王、羅、李之妄，作《思問錄內外篇》，明人道以爲實

〔註22〕見曾國藩〈船山遺書序〉。
〔註23〕王夫之《張子正蒙注》，卷四。
〔註24〕王夫之《思問錄・內篇》。
〔註25〕王夫之《讀通鑑論》，卷三。
〔註26〕王夫之《讀通鑑論》，卷十九。
〔註27〕王夫之《宋論》，卷十。
〔註28〕此點請參見《船山遺書全集》，冊七，第345頁。
〔註29〕見康侶叔〈王船山的家學淵源〉，《民主評論》，第六卷，第10期。

學，欲盡廢古今虛妙之說而返之實。自潛修以來，啓甕牖，秉孤燈，讀十三經、廿一史及張、朱遺書，玩索研究。雖飢寒交迫，生死當前而不變。……又謂張子之學切實高明，《正蒙》一書，人莫能讀，因詳釋其義，與《思問錄內外篇》互相發明。〔註30〕

船山亦嘗自云：

三代以還，道莫明於宋，而溯其所始，則孫明復、胡安定，實開其先，至於程朱而大著，朱子固嘗推孫胡之功矣。〔註31〕

又曰：

嗚呼！微有宋諸先生洗心藏密，即人事以推本於天，反求於性，以正大經，立大本，……正人心。因先聖之道，根極於性命，而嚴辨其誠僞，非宋諸先生之極微言以立大義，《論語》、《孝經》爲鄙夫之先資而已矣。〔註32〕

由此數語可略窺船山對宋學認識之一斑，亦意味其自宋學中吸取過精華，就宋儒中之影響船山較深者，可謂程、朱、張三家，船山就其長處學之，而批判其短處，其於程子較之朱、張二子，爲批評者多而贊同者少，例如：熊十力先生認爲船山予程子最適當之評議爲：「伊川詳於人事而猶未足語於窮神知化。」〔註33〕

　　船山受朱子學說之影響不少，嘗云：「夫子博文約禮之教，千古合符，精者以盡天德之深微，而淺者亦不甌叛於聖道，聖人復起，不易朱子之言矣。」〔註34〕其於朱子之說雖有商量，然私淑之情溢於紙上，於所著《讀四書大全說》一書可探知。甚至有時對朱子之說予以維護，而將錯誤歸於朱子門下。例如：「朱子一片苦心爲分差等，正以防此混亂，何諸子之習而不察也。」〔註35〕然而船山並非對朱子一意推崇。基於其所謂：「故有功先儒者，不在阿也」〔註36〕之原則，對朱學亦多所修正，此於《讀四書大全說》或《張子正蒙注》皆可窺知。例如：船山云：

〔註30〕見王敔〈薑齋公行述〉，《船山遺書全集》，第一冊，第 12 頁。
〔註31〕見王夫之《讀通鑑論》，卷十七。
〔註32〕見王夫之《讀通鑑論》，卷十。
〔註33〕見熊十力《讀經示要》第三卷，第 47 頁。
〔註34〕見《禮記章句》，卷四十二，〈大學衍〉。
〔註35〕見王夫之《讀四書大全說》，卷二。
〔註36〕見王夫之《讀四書大全說》，卷四。

程朱統心、性、天於一理……著其精思而實得之，極深研幾而顯示
之，則橫渠之說尤爲明著。蓋言心、言性、言天、言理，俱必在氣
上說，若無氣則俱無也。（《讀四書大全說》，卷十，頁 58）

船山以爲：把天、道、心、性一層層仔細分析，一切從「氣」上講，才
顯得張子之言句句有著落；而程朱一切從「理」上講，則不免有語病。又云：
「張子以博文之功在能立之後，與朱子以格物爲始教之說有異。」〔註 37〕「蓋
循物窮理，待一旦之豁然，賢者之學，得失不能自保，而以天德爲志，所學
皆要歸焉，則一學一習皆上達之資，則作聖之功，當其始而已異。此張、朱
學說之不同，學者辨之。」〔註 38〕船山在此指出橫渠與程朱於基本理論及爲
學程序上有不同之特質，吾人姑且暫不評其對橫渠與程朱之區分是否中肯，
吾人藉此所欲說明者，乃就理學方面而言，與其說船山在精神上受朱子之影
響較多，勿寧說其受橫渠之影響更大，觀其自銘所云：「希張橫渠之正學，而
力不能企。」可見其服膺之意，臨終猶見其心志。

若問船山受張載影響最大者爲何？吾人當無疑地推舉其《易》學矣。船
山所神契於橫渠者，主要爲對《易》理之闡述。其於《張子正蒙注》序云：「張
子之學，無非易也。……張子言無非易，立天、立地、立人，反經研幾，精
義存神，以綱維三才，貞生而安死，則往聖之傳，非張子其孰與歸！」

船山之學識除所宗奉之儒家學說外，其餘被某些儒者所斥爲異端者，亦
不無涉獵，其中以老、莊、釋三氏更爲得力，蓋船山認爲「欲辨異端亦必知
其立說之始末，而後可以攻之。」〔註 39〕其對所謂「異端」之學說有時予以
去取，而加以揉合吸收，以宏闊本身之思想內容，使之漸趨成熟縝密。例如，
譚嗣同先生嘗謂：「佛之精微，實與吾儒無異。偶視佛書，見其不可爲典要，……
唯變所適，往往與船山之學宗旨密合，知其得力於此。」〔註 40〕先生對佛學
之研究曾費過心思，著有《相宗絡索》，以及《三藏法師八識規矩論贊》，可
惜後者已佚。

船山之善於辯析名理，不僅受佛家影響，且受老莊等諸子之影響，例如
其對老莊雖有微詞，卻著有《老子衍》及《莊子解》，其論「天地日新」、「性

〔註 37〕見王夫之《張子正蒙注》，卷四，〈中正篇〉。
〔註 38〕見王夫之《張子正蒙注》，卷六，三十篇。
〔註 39〕見王夫之《讀四書大全說》，卷八。
〔註 40〕見《譚嗣同全集》，卷三，〈上歐陽辨薑師書〉。

命日生」，可見其不無受道、佛二家學說之影響，雖力詆陸、王，而其家學又與鄒東廓、鄒泗山有關係，蓋武夷公嘗從學於鄒東廓之孫鄒泗山，本與王學有關。

綜觀船山與諸家學派之關係：稱崇程、朱，而有異於程、朱處；神契橫渠，而有能出入橫渠者在。訾議陸、王，而有其深極陸、王者在；〔註41〕參伍濂、洛、關、閩，其學術思想咸本於《周易》而融貫於群經，雖旁及諸子百家，而壹以會歸於儒家正學，直接孔孟之心傳，以養其大體，本其真知實踐之家學風格，故能發爲偉大之著述，而成就一家之言。

〔註41〕參見前面船山論張、朱爲學程序之不同處。

第二章　船山治《周易》之方法

　　本章嘗試於尋出船山研究《周易》之意向，共分爲五節：第一節吾人由探討其學易所持態度，其研究易學之經歷，即其易學著作之時間與內容來觀其研究《周易》之學歷。第二節，由陳述船山對歷來易學者之評議，來反射其對治易方法所持觀點。第三、第四節則由其在前面對若干易學家之評議，牽引出其治易之基本立場及著眼處；第三節係依其對《周易》一書之成書及其研究價值之側重面，來探討船山對治《周易》所持之基本信念（即其所以評議前人所持尺度之一），第四節則由其從《周易》中把握「神無方，易無體」、「無期而有節」之大易精神，來探討其治易之著眼處（即其所以評議前人所持尺度之二）。第五節則由其《周易內傳發例》中所自述之易學研究法，提示其易學研究綱領，分項予以闡釋，以期較具體把握其易學研究所持方法。茲請分論於下。

第一節　船山學《易》之特色及著《易》之時間與內容

一、船山學《易》之特色

　　船山嘗於《周易內傳發例》末段，自述其學易之歷程。船山曰：

> 夫之自隆武丙戌，始有志於讀《易》。戊子，避戎於蓮花峰，益講求之。初得觀卦之義，服膺其理，以出入於險阻而自靖。乃深有感於聖人畫象繫辭，爲精義安身之至道，告於易簡以知險阻，非異端竊盈虛消長之機，爲翕張雌黑之術，所得與於學易之旨者也。乙未，於晉寧山寺，始爲《外傳》。丙辰，始爲《大象傳》。亡國孤臣，寄

－13－

> 身於穢土，志無可酬，業無可廣，惟《易》之爲道則未嘗旦夕敢忘
> 於心，而擬議之難，又未敢輕言也。歲在乙丑，從游諸生求爲解說。
> 形枯氣索，暢論爲難，於是乃於病中勉爲作《傳》。(《周易內傳發例》，
> 頁 20)

由這段引文可知先生自隆武丙戌，始有志於讀《易》。案隆武丙戌年，船山年二十八歲，即清兵入關定都北京，大明節節敗退之第三年，該年清兵下汀州，唐王被執，船山妻陶孺人隨即逝世。〔註1〕船山身遭家國喪難之痛，在憂患困苦中，有志於讀《易》。戊子年即永曆二年，船山三十歲，該年即武夷公逝世之次年，船山與管嗣裘舉兵衡山，結果爲清兵所敗。〔註2〕從船山自述其對《易經》「益講求之，初得觀卦之義，服膺其理，以出入於險阻而自靖」一語，或可瞭解船山身受國破家亡之悲痛，於是精研《易》理，窮理盡性，以提昇此艱困之生命，振奮之，昇化之，將苦難之生命，於出入憂患及險阻中，安頓於《易》理，而益以卓絕自勵。綜觀船山學習《易》理有下列數特色：

1. 船山以一志無可酬，業無可廣之亡國孤臣，對聖人「精義安身之至道」即「易之爲道」，未嘗旦夕敢忘於心。自隆武丙戌年（二十八歲）有志於讀《易》，至康熙乙丑年（六十七歲）作《周易內傳》，計以四十年之功夫，將生命融入《易》理中，潛修踐履，於《易》學可謂不止於知解，且更冶鍊出渾厚之德慧生命。

2. 船山處憂患之時會，於備嚐人間艱難險阻之情境下、研《易》、持《易》、行《易》，身經切實之歷練，所得皆痛切之實感。孟子云：「人之有德慧術知者，恒存乎疢疾，獨孤臣孽子，其操心也危，其慮患也深，故達。」〔註3〕船山於易學猶如文王、孔子，皆因憂患以自靖而學易、傳《易》。其將自身憂患之生命與憂患之易書契合，爲其治易之一大特色。

3. 船山治學，博學精研，圓融四部，大會通於易理，此乃船山易學顯得恢宏深闊之一大原因。熊十力先生嘗云：「橫渠《正蒙》爲船山《易》傳之所本，而船山宏闊，非《正蒙》比。」〔註4〕

〔註1〕見《王譜》，第 12 至 15 頁。
〔註2〕見《王譜》，第 15，16 頁。
〔註3〕見《孟子·盡心上》。
〔註4〕見熊十力《讀經示要》，卷三，頁 47。廣文書局，民國 61 年 7 月版。

4. 由於船山係處在憂患中研易、行易，能將自己艱困之生命融入易理中，會物歸己，切己體認，將實際人生與易理相互參研印證而提鍊出深邃之體悟，於《易》理有眞實之人生受用，因而視《易》學爲指導吾人處理人生憂患之學，所謂「出入於險阻而自靖」，繼而認定「聖人畫象、繫辭爲精義安身之至道」，以此準繩奉「文周孔子之正訓」，爲昌明聖學「不敢以小道俗學異端相亂」，而學《易》、傳《易》，精研之、嚴辨之，甚至嚴厲批評其他卜筮家《易》學，此點將於下節論述之。

5. 船山自謂：「惟易之爲道，則未嘗旦夕敢忘於心，而擬議之難，又未敢輕言也。」然其對《易》學有相當份量之著述。究其原因，一方面固將一己辛苦研究之心得作最精要之整理；另一方面亦爲諸學者講述之方便，及嚴辨異於孔子正訓之異說而研著《周易》，此乃船山所云：「歲在乙丑，從游諸生，求爲解說，形枯氣索，暢論爲難，於是乃於病中，勉爲作傳。」又續云：「誠知得罪先儒，而畏聖人之言，不敢以小道俗學異端相亂，則亦患其研之未精，執之未固，辨之未嚴，敢辭罪乎？《易》之精蘊，非〈繫傳〉不闡。觀於〈繫傳〉而王安石屛《易》於三經之外，朱子等擬《易》於火珠林之列，其異於孔子甚矣。衰困之餘，力疾草創，未能節繁以歸簡，飾辭以達意，汰之鍊之，以俟哲人，來者悠悠誰且爲吾定之者。」〔註5〕由此亦可略窺船山治《易》所持心志之一斑。

二、船山著《易》之時間與內容

　　船山《易》學之著作計有《周易外傳》七卷，《周易稗疏》四卷，《周易考異》一卷，《周易大象解》一卷，《周易內傳》六卷及《周易內傳發例》一卷等六種。〔註6〕茲一一介紹其著書時間及內容於下：

1. 《周易外傳》七卷

　　據船山於其《周易內傳發例》末段云：「乙未於晉寧山寺，始爲《外傳》。」案王孝魚《船山學譜》中之《船山先生年譜》（以後簡稱《王譜》），此乙未年亦即清順治十二年（1655），船山時年三十七歲，此書係船山極重要之一部著

〔註5〕見《周易內傳發例》第20頁。
〔註6〕請參見《船山易學》，廣文書局，民國60年5月初版。本論文依據此版本。

作。張西堂先生於其所著《王船山學譜》（以後簡稱《張譜》）中謂：「凡先生之哲學思想具可于此窺其大略，其哲學思想，蓋于著作此書時，已相當成熟也。」（見該書173頁）

船山所著《周易外傳》之七卷中，計論述〈六十四卦〉四卷，〈繫辭上下傳〉二卷，〈說卦〉、〈序卦〉、〈雜卦傳〉爲一卷，其闡釋之方式，不拘於某一固定形式之注釋，而是依其深厚之學養，隨處發揮精微細膩之義理，其間有崇高之理想，宏闊之生命力，其至性深情躍然紙上。熊十力先生云：「尊生、彰有、健動、率性，此四義者，於中西哲學思想無不包通。……王船山《易外傳》頗得此旨，然其言散見，學者或不知綜其綱要。……二千年來，易之大義，湮絕已久，晚明，王船山作《易外傳》，欲振其緒。」〔註7〕

2. 《周易稗疏》四卷

案船山於其《周易內傳發例》云：「隆武丙戌，始有志于讀《易》矣。」又《周易外傳》卷六云：「經文其出入以外內句，使知懼句，詳見《稗疏》。」可見《稗疏》之作先于《外傳》。其《外傳》始作于三十七歲，而隆武丙戌年，船山二十八歲。案《王譜》：「先生年二十八歲，居續夢菴始注《周易》。」〔註8〕一語中所提之二十八歲始注《周易》，當指《周易稗疏》也。據《張譜》云：「大抵諸經《稗疏》，其著作年代，俱早于傳義，古不止《周易》一種爲也。」。〔註9〕

至於《周易稗疏》之內容，吾人可參見《四庫全書總目提要》中之一段話：「《周易稗疏》四卷，附《考異》一卷，國朝王夫之撰。……是編乃其讀《易》之時，隨筆箚記，故每條但舉經文數字標目，不全載經文。又遇有新義，乃爲考辨，故不逐卦逐爻，一一盡爲之說。……《易》之逆數，《河圖》著策之辨，皆具有條理，卷帙雖少，固不失爲徵實之學焉。」《周易稗疏》共四卷，所提作稗疏者有八十一項，對經傳中奇特鮮見之言辭，竭力訓詁註釋「卷帙雖少，固不失爲徵實之學焉」，亦可見船山此書之著，深受彼時學風及密友方以智之影響。〔註10〕

3. 《周易考異》一卷

〔註7〕見熊十力《讀經示要》，卷三頁49。
〔註8〕見王孝魚著《船山學譜》，第13頁。
〔註9〕見張西堂《王船山學譜》，第173頁。
〔註10〕見前章第三節（甲）〈時代學風〉。

案《張譜》：「《考異》之作，大約晚于《稗疏》，他經《考異》，俱晚于《稗疏》；足證。」〔註11〕

船山所著《周易考異》，實其《易》學著作中卷帙最少者。所謂「考異」，即船山對《易經》文字之奇異處，以文字學之立場來考究，其考證所得與通行《易經》本頗有異見異說之獨到處，亦為其徵實考證之一項著作。

4. 《周易大象解》一卷

案《周易內傳發例》，船山曰：「丙辰始為《大象解》。」所指丙辰年，據《王譜》所言，即康熙十五年（1676），船山時年五十八歲。至論此作之內容，可參見船山《周易大象解》序文所云：「〈大象〉之與〈象〉爻自別為一義，取〈大象〉以釋〈象〉、爻必齟齬不合，而強欲合之，此《易》學之所由晦也。《易》以筮而學存焉，唯〈大象〉則純乎學《易》之理。」此言所以專解〈大象〉，且指出〈大象〉純易之理與易之筮有別。又云：「苟精其義，窮其理，但為一陰一陽所繼而成象者，君子無不可用之，以為靜存動察，修己正人，撥亂反正之道。」〈大象〉是指導人生如何修己正人，撥亂反正之《易》理，依先生之意。子曰：「五十以學《易》，可以無大過矣。」孔子所學之《易》，蓋指〈大象〉而言，〈大象〉是「孔子之師文王而益精其義者」，〔註12〕船山切就〈大象〉之人生論而專著成一卷，句句引歸於人生進德修業之事，其言切實精要，頗能引發讀者活潑生命之實感。

5. 《周易內傳》六卷

案《周易內傳發例》，船山曰：「歲在乙丑，從游諸生，求為解說，形枯氣索，暢論為難，於是乃於病中，勉為作傳。」又云：「若此篇之說，與《外傳》不同者，《外傳》以推廣於象數之變通，極酬酢之大用，而此篇守〈象〉爻立誠之辭，以體天人之理，固不容有毫釐之踰越。至于《大象傳》則有引伸而無判合，正可以互通之。」足見船山於乙丑年，病中勉為作《周易內傳》。據《王譜》，乙丑年即康熙二十四年（1685），船山時六十七歲。《內傳》之體例為依經立傳之作，與一般《易》學家註述《易經》之體例大致相同，即猶如孔穎達作《周易正義》，李鼎祚作《周易集解》等之為文程序，於每卦先解釋卦辭、〈象〉辭、〈大象〉辭，然後為六爻、爻辭及各爻之象辭，六十四卦一一循此程序，解完六十四卦之後，接續解釋〈繫辭〉上下傳、〈說卦〉、〈序

〔註11〕見張西堂《王船山學譜》，第173頁。
〔註12〕請參見《周易大象解》序文。

卦〉和〈雜卦〉。依次解說，切要平實。

6.《周易內傳發例》一卷

由前條所引《周易內傳發例‧跋》，可知《內傳發例》乃船山於己丑年，即六十七歲那年，隨《周易內傳》而作，《內傳發例》係船山《易》學最後之遺著，全卷計二十四段，其內容主要在論述其《易》學方法和提挈其《易》學總綱領，此在本章第五節當詳爲申述。

第二節　船山對歷來《易》學者之評議

由前節可知船山學《易》，有其特殊之身世背景。其對《周易》一書自有其特定之觀點，本節之用意，旨在陳述船山對若干前人治《易》方法之評議，藉此以期襯托出其治《易》之方向及認識其治《易》方法之立場。船山對前人治《易》者之評論，毀多於譽，其心量難免令人有偏狹之感，其批評或有失公允之嫌，本人對諸家《易》學研究頗爲有限，不便妄加評斷船山之批評，況且船山批評前人治《易》之方法，意在開展本身之治《易》方向，反映其本身所持之基本立場與觀點，故吾人於此所作述而不評之介紹，亦旨在藉此以尋出船山治《易》方法之立場，而不在於批評其對諸《易》學家之評議是否公正，茲將船山對前人之批評分述於下：

一、對漢代象數學家之評議

船山曰：

> 顧自連山以後，卜筮之官各以所授受之師說而增益之，爲之繇辭者不一，如《春秋傳》所記，附會支離，或偶驗於一時，而要不當於天人性命之理。流及後世，如焦贛、關朗之書，其私智窺測象數而爲之辭，以待占者，類有吉凶而無得失。……則惟辭不繫於理數甚深之藏，而又旁引支干、五行、鬼神、妖妄以相亂。（《周易內傳》，卷五，頁2）

依船山之意，焦贛、關朗之以私智窺測象數，而立辭以待占者，除受連山以後雜占之學淆亂《易》學外，另一原因乃爲受秦始皇焚書政策之影響，其曰：

> 秦焚書，而《易》以卜筮之書，不罹其災，故六經惟《易》有全書，後學之幸也。然而《易》之亂也自此始。孔子之前，文、周有作，

而夏、商連山、歸藏二家雜占之説，猶相淆雜。……乃秦既夷之於
卜筮之家，儒者不敢講習，技術之士又各以其意擬議，而詭於情僞
之利害。漢人所傳者非純乎三聖之教。而秦以來，雜占之術紛紜而
相亂，故襄楷、郎顗、京房、鄭玄、虞翻之流，一以象旁搜曲引，
而不要諸理。(《周易內傳發例》，頁3)

船山認為《易經》因秦視為卜筮之書，而免於秦火，使該書得以僥倖傳留，
然而彼時「儒者不敢講習《易》之義理，技術之士得以乘機用雜占來亂《易》」，
因此「後之為《易》者，始卦氣，如遊魂、歸魂、世應，如納甲、納音，如
乾一兌二，方圓整齊之象，皆立體以限《易》，而域於其方，雖亦一隅之理所
或有，而求以肖無方之神，難矣哉！」。〔註13〕

　船山認為漢人受前人雜占之學影響，而就卦象之變化探求《易經》，一
心注意六十四卦間相互變化之規則，欲揭示卦爻間之變換形式，認為將此形
式推衍出來，即可窺測出宇宙自然之奧理，如虞翻「旁通」，京房「互體」，
及「兩象易」、「半象」、「八宮卦」、「世應」等，此種《易》學方法係論卦變
之象數派《易》學，船山批評是輩「一以象旁搜曲引，而不要諸理」，即謂
其泥於象而以死板機械式之法術以限制天理，失卻大易「神無方而易無體」、
「無心感化，周流六虛」之特色，而不能得易理之本然，象數派《易》學雖
拓展《易》學象數方面之研究，然而依船山學《易》在於「精義安身」之價
值觀而衡量之，則其研究無益於實際人生之憂患；不合於船山所崇奉之文、
周、孔子之正理。所謂「漢人所傳者，非純乎三聖之教」，因此予以抨擊。

二、對魏‧王弼治《易》之評議

　船山曰：

漢人所傳者，非純乎三聖之教。……一以象旁搜曲引，而不要諸理。
王弼氏知其陋也，盡棄其說，一以道為斷，蓋庶幾於三聖之意。而
弼學本老莊虛無之旨，既詭於道，且其言曰：「得意忘言，得言忘象」，
則不知象中之言，言中之意，為天人之蘊所昭示於天下者，而何可
忘耶？然自是以後，《易》乃免於鬻技者猥陋之誣，而為學者身心事
理之典要。(《周易內傳發例》，頁3)

〔註13〕參見《周易內傳》，卷五，頁11。

船山於此段論王弼《易》學得失之言，認爲王弼治《易》之功在於針對漢儒「一以象旁搜曲引，而不要諸理」之流弊，一掃象數而闡發《易》理，使《易》學幾乎可復返文、周、孔子三聖之意，重申《易經》之價值在於「爲學者身心事理之典要」。再者，王弼以義理註釋《易經》，開示唐、宋學者治《易》之途徑，所謂「唐、宋之言《易》者，雖與弼異，而所尙略同」。〔註14〕此爲王弼之一大貢獻。然而仍有二點遺憾者，其一：王弼學本老莊，而以老莊注《易》，未能發揮《周易》宇宙「實有」之特色（詳於下章）。然而吾人以另一觀點而論，王弼所以能將《易》學帶離彼時雜占之氣習，而復明於理、歸於道，亦可謂得助於治老莊之力，船山未深入王弼所以能如此治《易》之故，似猶有所未盡，可見評議之難也。〔註15〕其二：王弼「得意忘言，得言忘象」之態度，在於將象數一概摒棄，雖幾近文、周、孔子「三聖之教」，然而疏略伏羲作卦畫象之意，摒棄《易經》中之象數，實有美中不足之處。蓋船山曰：『繫』云者，數以生畫，畫積而象成，象成而得著，德立而義起，義可喻而以辭達之，相爲屬繫而不相離。故無數外之象，無象外之辭。辭者，即理數之藏也。而王弼曰：『得意忘言，得言忘象』，不亦舛乎！」〔註16〕

由「無數外之象，無象外之辭」一語，可知數、象、辭之間有不可分割之蘊涵關係，船山據此以批評王弼摒棄象數之失，況且卦象本伏羲用以包涵天人之理，後聖以達先聖之意，亦不出於卦象所涵，〔註17〕王弼「忘象」，不僅使文王、周公和孔子「三聖之意」無所據以顯，而且在失去卦象依據下之「得意忘言，得言忘象」，亦易流於義理泛濫。

三、對宋儒治《易》者之評議

（一）船山對程子、張子、周子，贊許多於批評

船山曰：

程子之《傳》，純乎理事，固《易》大用之所以行，然有通志成務之理，而無不疾而速、不行而至之神。張子略言之，象言不忘，而神化

〔註14〕《周易內傳發例》，第3頁。
〔註15〕見張廷榮先生著〈船山生命哲學之研究〉，《台灣湖南文獻季刊》第六、七期合刊。
〔註16〕《周易內傳》，卷五，頁2。
〔註17〕此於下節另有論述。

不遺，其體潔靜精微之妙，以益廣周子《通書》之蘊，允矣！至矣！

惜乎其言約，而未嘗貫全《易》於一揆也。(《周易內傳發例》，頁3)

由此可見，船山雖極看重伊川切於事理之《易傳》，但仍認為《程傳》:「然有通志成務之理，而無不疾而速、不行而至之神。」蓋由前面可知，船山於生死患難中精研易理，且更將易理融入生命中予以體悟和證用，對易理有實際之活用和受惠，於此光景下，伊川《易傳》於船山眼中雖屬純正，但其於德慧生命之實際靈活運用以入神，自屬不足。至此，吾人或可隱見其評議諸家《易》學所持之觀點矣！船山評橫渠《易》學雖有「略言之」之憾，但對「其體潔靜精微之妙」備加推崇，吾人觀其《正蒙注》與《周易內、外傳》，在思想上頗有緊密聯繫處，亦可見其神契橫渠《易》學之深，船山嘗於《張子正蒙注》序論中贊譽橫渠《易》學曰:

> 張子言無非《易》，立天、立地、立人，反經研幾，精義入神，以綱維三才，貞生而安死，則往聖之傳，非張子其孰與歸？

（二）對邵康節和朱熹之批評

船山對邵康節治《易》復循漢象數派之途徑，違背《周易》不可為典要之基本精神，遂予以猛烈地抨擊。船山曰:

> 至宋之中葉，忽於杳不知歲年之後，無所授受，而有所謂先天之學者，或曰邵堯夫得之江休復之家。休復好奇之文士，歐陽永叔嘗稱其人，要亦小智而有所窺者爾。或曰陳摶以授穆脩，脩以授李之才，之才以授堯夫。則為摶取魏伯陽《參同契》之說，附會其還丹之術也無疑。所云先天者，鍾離權、呂嵒之說也。嗚呼！使摶與堯夫有見於道，則何弗自立一說？即不盡合於天，猶可如揚雄之所為，奚必假伏羲之名於文字不傳之邃古哉？其經營砌列為方圓圖者，明與孔子「不可為典要」之語相背。(《周易內傳發例》，頁2)

又曰:

> 邵子之圖，如織如繪，如釘如砌，以意計揣度，域大化於規圓矩方之中。嘗試博覽於天地之間，何者而相肖也。且君子之有作也，以顯天道，即以昭人道，使崇德而廣業焉，如邵子之圖，一切皆自然排比，乘除增減，不可推移，則亦何用勤勤於德業為邪？疏節闊目，一覽而盡，天地之設施，聖人之所不敢言，而言之如數家珍，此術數家舉萬事萬理而歸之前定，使人無懼而聽其自始自終之術也。將

無爲偷安而不知命者之勸邪？於〈象〉無其象，於爻無其序，於〈大象〉無其理，文王、周公、孔子之所不道，非聖之書也。（《周易內傳發例》，頁 12）

邵康節殫精竭力於營治《易圖說》，其易圖中冠以伏羲之名者，稱之爲〈先天圖說〉，冠以文王之名者，稱之爲〈後天圖說〉，吾人可於朱子《周易本義》中，見朱子所附錄康節之伏羲八卦次序圖、伏羲八卦方位圖、伏羲六十四卦次序圖和伏羲六十四卦方位圖等四幅先天圖，以及〈文王八卦次序圖〉和〈文王八卦方位圖〉等二幅後天圖。王瓊珊先生於其《易學通論》中曾就《易圖說》之觀點，將康節之先後天圖予以討論和批評，〔註18〕可資吾人參考，在此不予贅述，吾人所欲說明者，乃船山以〈繫辭〉：「神無方而《易》無體」、「易之爲書也不可遠，爲道也屢遷，變動不居，周流六虛，上下無常，剛柔相易，不可爲典要，唯變所適」爲著眼點，批評康節強以私智窺天機，將大易靈巧活潑之變動性，以及化育萬物之神妙而不可測識性，局限於刻板、機械性之方圓圖，有失大易活潑、神妙之變易精神。再者，船山以《周易》之價值在指導吾人精義安身，崇德廣業，吾人應於活潑之生命中切實受用《周易》之德慧，若如康節斤斤於刻營方圓圖，則學《易》之價值易流於偏失，而不足以顧全文王、周公、孔子之《易》學要旨矣！

至於船山對朱子之看法，謂朱子不循王弼、伊川等人之途徑，轉而視《易經》爲占卜之事，一方面偏重象占之價值，一方面又接受康節先後天圖之說，所謂：「朱子錄之於《周易》之前，竊所不解。」〔註19〕船山本其「四聖同揆」、「占學一理」（此二義詳於本章第三及第五節）之觀點，對朱子治《易》頗有微詞，船山曰：

朱子學宗程氏，獨於《易》焉盡廢王弼以來引伸之理，而專言象占，謂孔子之言天、言人、言性、言德、言研幾、言精義、言崇德廣業者，皆非羲、文之本旨，僅以爲卜筮之用，而謂非學者之所宜講習。其激而爲論，乃至擬之於火珠林卦影之陋術，則又與漢人之說同，而與孔子〈繫傳〉窮理盡性之言，顯相牴牾而不恤。由王弼以至程子，矯枉而過正者也，朱子則矯正而不嫌於枉矣。若夫易之爲道，即象以見理，即理之得失以定占之吉凶，即占以示學，切民用，合

〔註18〕參閱王瓊珊著，《易學通論》，78～92 頁，廣文書局，民國 51 年 4 月初版。
〔註19〕《周易內傳發例》，頁 12。

天性，統四聖於一貫，會以言、以動、以占、以制器於一原，則不揣愚昧，竊所有事者也。（《周易內傳發例》，頁 3）

朱子視《易》爲卜筮而作，故其對「火珠林」之事亦頗爲探信，茲轉載錢穆先生《朱子新學案》中之一段話爲引證：

朱子治《易》既重象數，乃亦深信邵康節之先天圖。朱子門人中頗多懷疑。

「問先生昨言《易》，只是爲卜筮而作，其說已自甚明白。然先生於先天後天，無極太極之說，卻留意甚切，不知如何？曰：卜筮之書，如火珠林之類，許多道理，依舊在其間。但是因他作這卜筮後，卻去推出許多道理來。他當初做時，卻只是爲卜筮畫在那裏，不是曉盡許多道理後方始畫。這個道理難說。……」

此條亦黃義剛、陳淳同錄朱子七十時語。〔註20〕

是以，朱子頗重視《易》書之卜筮，所謂「火珠林」者係一種占卜法，王瓊珊先生於其《易學通論》中曾有介紹，茲轉載其法如下：

火珠林法，以錢代蓍，至爲易簡。以錢三枚納櫝中（今術家用龜殼）搖而倒之，視其背面多寡以定爻：一背爲單（少陽），二背爲拆（少陰），三背爲重（老陽），三面爲交（老陰），凡六搖而卦成。其會有八，老陰老陽各得其一，少陰少陽各得其三，合於八卦一老三少之數。其占因事分類（自天時、年歲、軍國大事以至個人身、命、財、名、婚姻、產育、疾病、旅行凡三十餘類），各取用神，配合月建日辰；論其五行生剋神合衰旺以斷吉凶。卦變四千九十有六，加月建日辰事類諸因數乘之，殆不可勝窮矣。（《易學通論》，頁 133～134）

由上述火珠林之占法可知，其占法雖用《易》卦，但與經文無甚關係，其以爻之支辰所屬五行爲占，而非以《易經》之義理爲占，誠卜筮之事矣！此與船山視《易》爲精義安身之至道，崇德廣業之指導，「即象以見理，即理之得失以定占之吉凶，即占以示學」之《易》學觀點不符合，故船山抨擊之。

由上述船山對諸家《易》學之評議中，吾人可隱約地窺見船山評議諸子之依據——一方面亦爲其自身治《易》之方法，此即「四聖同揆」之信念，

〔註20〕見錢穆先生著《朱子新學案》，冊四，頁 36。

對研究《周易》之價值觀以及對《周易》「神無方，易無體」之著眼點，此當於下二節論述之。

第三節　對《周易》成書及其價值之看法

一、對《周易》成書之看法

　　船山認爲《周易》一書成於「四聖同揆，後聖以達先聖之意」，船山在其《周易內傳發例》中謂伏羲有立畫卦之功：

> 伏羲氏始畫卦，而天人之理盡在其中矣，上古簡樸，未遑明著其所以然，以昭天下後世，幸筮氏猶傳其所畫之象而未之亂。

文王有繫〈象〉辭之功：

> 文王起數千年之後，以不顯亦臨、無射亦保之心得，即卦象而體之，乃繫之〈象〉辭，以發明卦象得、失、吉、凶之所自。

周公則有繫〈爻〉辭之功：

> 周公又即文王之〈象〉，達其變於爻，以研時位之幾，而精其義。

孔子則有贊《周易》爲〈文言〉、〈彖傳〉、〈象傳〉、〈繫傳〉、〈說卦〉、〈雜卦〉之功：

> 孔子又即文、周〈象〉爻之辭，贊其所以然之理，而爲〈文言〉與〈彖〉、〈象〉之傳，又以其義例之貫通與其變動者，爲〈繫辭〉、〈說卦〉、〈雜卦〉，使占者、學者得其指歸以通其殊致。蓋孔子所贊之說，即以明〈彖傳〉、〈象傳〉之綱領，而〈彖〉、〈象〉二傳即文、周之〈象〉、爻；文、周之〈象〉、爻即伏羲之畫象，四聖同揆，後聖以達先聖之意，而未嘗有損益也。（《周易內傳發例》，頁 1）

　　船山復以「四聖同揆，後聖以達先聖之意」爲依據，反對先天卦圖爲伏羲所作之說法，而謂伏羲所畫之卦圖即是歷代所傳由文王、周公、孔子傳下之畫，若先天卦圖即屬周以前所有，則可能屬於彼時筮人之雜說：

> 由今而求義、文之微言，非孔子之言而孰信邪？……是《周易》之義，建諸天地，考諸前王，而夏、商以上，雖有筮人之雜說，孔子之所不取，況後世之偽作而駕名上古者乎？文王之卦，伏羲之卦也。文王取其變易神妙之旨而名之曰《易》，是故周公之爻辭得以興焉。

舍文王而無《易》，舍文王而無伏羲氏之《易》，故《易》之所以建
天地、考前王者，文王盡之矣。（《周易內傳發例》，2 頁）

總而言之，船山治《易》以伏羲、文王、周公、孔子「四聖同揆，後聖
以達先聖之意」爲宗奉，以此信念開展《易》學之研究，且以此作爲評議諸
家《易》學之準則。所謂「文王、周公、孔子之所不道，非聖人之書也」，例
如：船山於《周易內傳發例》中評議朱子治《易》曰：「朱子等《易》於火珠
林之列，其異於孔子甚矣。」又曰：「朱子師孔子以表章六藝，徒於《易》顯
背孔子之至教，故善崇朱子者，舍其注《易》可也。」其於象數派漢儒之批
評，或對魏王弼偏於易理而略於易象之《易》學有所微辭，及對宋儒諸子治
《易》之評議，皆本於此「四聖同揆」之基本信念。

吾人根據歷來學者在古籍考辨上之見解，或不同意其「四聖同揆」之治
《易》立場，甚至或可由考據學之觀點否定其對《周易》成書之看法，然而
船山於《易》學研究上所持之此一基本信念，從而開展出來之《易》學研究，
仍有其不可抹殺之哲學思想價值。蓋船山本其基本信念所闡釋而成之《易》
學作品中，在義理之脈絡上具融通一貫性，在思想之觀點上頗有見地，其闡
釋時所持立論之獨到處，頗足以發人省思，足資以開拓吾人對《周易》研究
之角度。是以，吾人不可因考證之立場否認其「四聖同揆」之信念，遂對其
《易》學價值不屑一顧，蓋吾人對其《周易》成書之看法可持存而不論之態
度，而就其《易》學之學術思想價值予以探討。

二、對《易》學研究之價值觀

此處旨在以船山對研究《周易》之價值，所提出之精要來簡介其對《易》
學研究價值之看法。至於進一步之闡釋，則詳於本論文第五章「船山《易》
學之生命哲學」。

船山身爲志無可伸，業無可廣之亡國孤臣，嘗自云：「惟《易》之爲道，
則未嘗旦夕敢忘於心」，由此語足表彰其耿耿於《易》道之心志，足見其服膺
易理之深，亦可推想其對《易》學價值之推崇。試問《易》學於其心目中究
竟有何價值可服膺？則吾人可由其對橫渠《易》學之讚譽語中窺見一斑，船
山曰：

《周易》者，天道之顯也，性之藏也，聖功之牖也，陰陽、動靜、
幽明、屈伸，誠有之而神行焉，禮樂之精微存焉，鬼神之化裁出焉，

仁義之大用興焉，治亂、吉凶、生死之數準焉。故夫子曰：「彌綸天下之道，以崇德而廣業」者也。張子之學，無非《易》也。（《張子正蒙注・序論》）

在船山心目中，《易》彰顯天下之道，禮樂依之而存，仁義據之以興大用，主治亂、吉凶、生死之數。潛修易道，則德可崇而業可廣，故為聖功之門戶。又曰：

若夫學《易》者，盡人之事也。盡人而求合乎天德，則在天者即為理。天下無窮之變，陰陽雜用之幾，察乎至小、至險、至逆，而皆天道之所必察。苟精其義，窮其理，但為一陰一陽所繼而成象者，君子無不可用之以為靜存動察，修己治人，撥亂反正之道。故否而可以「儉德辟難」，剝而可以「厚下安宅」，歸妹而可以「永終知敝」，姤而可以「施命誥四方」；略其德之凶危，而反諸誠之通復，則統天、地、雷、風、電、木、水、火、日、月、山、澤已成之法象，而體其各得之常，故乾大矣而但法其行，坤至矣而但效其勢，分審於六十四象之性情以求其功效，乃以精義入神，而隨時處中，天無不可學，物無不可用，事無不可為，由是以上達，則聖人耳順從心之德也。（《周易內傳發例》，頁 15～16）

船山認為精研《易》理之精義，可窮天人性命之原。靜存動察，誠於中，形於外，修己治人以為撥亂反正之道。蓋易道之大與天地之化相彌綸。聖人作《易》之目的在於切民用、合天性，本天道以立人極，船山鑒於易統天道、人道以著象而立教，故主張學《易》之價值，亦貴乎能極天人之理，盡性命之蘊，而著之於庸言庸行之間，由博歸約，由變貞常，由致用、崇德、廣業以與天地之德相彌綸，盡人道以上合天德，而提昇人格價值，臻於天人合一之聖人境界。由是可見船山係本儒家修己治人之為學精神，來開示《易》學研究價值之方向，以期將高明之易理融入活潑之生命中靈活運用，由能致用《周易》之德慧，以顯學《易》價值之可貴，故曰：「聖人畫象、繫辭，為精義安身之至道」，而其所謂「文、周、孔子之正訓」亦在於要吾人將生命安頓於易理，體天地好生之仁德，而於崇德廣業之人生道路上，成己、成人、成物。此亦其真知實踐之治學精神所在，其基於此種崇本務實之精神而抨擊諸家《易》學，或堪值吾人同情諒解者。

第四節　對《周易》「神無方，易無體」、「無期而有節」之把握

船山由其對《周易》「神無方而易無體」、「無期而有節」之著眼點，作爲其評議前人治易者之一項依據，亦係其自身治易之一大原則。《易·繫辭上傳》第四章嘗云：

> 易與天地準，故能彌綸天地之道。……範圍天地之化而不過，曲成萬物而不遺，通乎晝夜之道而知，故神无方而易無體。

船山闡釋《周易》，不論《內傳》或《外傳》，皆秉持易「神無方，易無體」之性格。其於闡釋「神無方而易無體」處云：

> 无方者，无方而非其方，无體者，无體而非其體，不據以爲體也。吉凶之數，成物之功，晝夜之道，皆天地已然之迹，有方者也。而所以變化屈伸，知大始而作成物者，其神也；絪縕之和，肇有於无，而无方之不行者也。《易》之陰陽六位，有體者也。而錯綜參伍，消息盈虛，則无心成化，周流六虛，无體之不立者也。故《周易》者，準天地之神以御象數，而不但以象數測已然之迹者也。後之爲《易》者，如卦氣，如游魂、歸魂、世應，如納甲、納音，如乾一兌二，方圓整齊之象，皆立體以限《易》，而域於其方，雖亦一隅之理所或有，而求以肖无方之神，難矣哉！（《周易內傳》，卷五，頁 11）

易能以「絪縕之和」生生不息地化育天地無限之萬物，是因其無思無爲、無心成化之化生作用，此種化生作用神妙莫測，不爲時間、空間所限，由於其無方之不行，普羅萬物而不遺，因此「无方而非其方」，吾人所能據以窺測者，乃其「傑作」──森然萬象之「天地已然之迹」，所謂「有方者也」。復因《易》之爲道也屢遷，變動不居，周流六虛，無時不在，無處不在，所謂：「无體而非其體」，因此實令人難以測識而據之以爲定體，吾人勉爲把握者，但爲具陰陽六位之卦爻之體，即「卦象」，而此「卦象」乃係天地已化之迹，而易道本身，卻爲神妙莫測，恒凌駕乎有限之「卦象」之上。其雖不離卦象，卻不被卦象所膠執。因此於吾人之認識層面而言，易體乃爲不可測定、「不可期」者。換言之，吾人不可執象數，而固守爲典要，只能「惟變所適」地善體其屢遷之道，所謂：「典常在率辭之後，而無有典要立於象之先」，〔註 21〕

〔註21〕《周易外傳》，卷六，頁 11。

「故相感者觸之而即與以應得之象數，不待籌量、調劑以曲赴乎事物，此則神之所以妙萬物而不測也。」〔註22〕

船山認爲象數派之漢儒，過分執著於就天地已然之迹以探究象數，以致於僅知拘限於某一特定時空中之「卦象」，泥於象而刻意推尋卦象間變更轉換之「必然秩序」，蔽於察知「卦象」本身係天地已僵固之化迹，而《易》道「神无方者可爲之方，易无體者不可爲之體」，〔註23〕因而滯於方所，墮入典要之論，而斤斤於推衍「方圓整齊之象」，以此途徑來研究大易，縱使可探得「一隅之理」，然而由於其「立體以限易而域於其方」，結果常易流於強天以從人而不自知，形成所謂落入「執象以常，常其常而昧其無窮，乘數以變，變其變，而瞀其有定。」〔註24〕

船山推斷〈序卦傳〉非聖人所作，亦係依據大易「神無方而易無體」、「周流六虛不可爲典要」之性格予以論辯。

船山曰：

> 在天有不測之神，在人有不滯之理，夫豈求秩敍於名義，以限天人
> 之必循此以爲津塗哉！故曰：〈序卦〉非聖人之書也。（《周易外傳》，
> 卷七，頁22）

船山強調大易「無方無體」之性格，其動機之一在於要研《易》者體會易道妙萬物而不主故常，不可只拘泥於象數而流於以私意測之，而域大化於區區，墮於僵固之典要之論。然而誤解「無方無體」之義，如王弼解《易》一掃象數而有「得意忘言，得言忘象」之說，以致於解《易》必流於失去規範，造成「散而無紀」之義理氾濫地步。船山曰：

> 自王弼有「得言忘象」之說，而後之言《易》者以己意測一端之義，
> 不揆諸象，不以象而徵辭，不會通於六爻，不合符於〈彖〉〈象〉，
> 不上推於陰陽十二位之往來，六十四卦、三十六象之錯綜，求以見
> 聖人之意，難矣。（《周易內傳》，卷五，頁34）

船山所以反對王弼一掃象數，其所持理由爲：象數皆先聖精研宇宙生成變化之道所得之寶貴結晶，藉此可資以合天而著道，因變而貞常。所謂：

> 固已然以觀自然，則存乎象。期必然以符自然，則存乎數。（《周易

〔註22〕《周易內傳》，卷五，頁28。
〔註23〕《周易外傳》，卷七，頁7。
〔註24〕《周易外傳》，卷五，頁7。

外傳》，卷七，頁4）

　　夫象數者，天理也，與道爲體，道之成而可見者也。（《周易外傳》，
　　卷五，頁9）

譬如，以卦象而言，卦象係伏羲氏用以包涵天人之理者，因而後聖用以達先聖之意乃終不出於卦象之所涵。卦乃依據「象」而製作者，所謂：

　　聖人有以見天下之賾，而擬諸其形容，象其物宜，是故謂之象。（〈繫
　　辭上傳〉第八章）

　　古者包羲氏之王天下也，仰則觀象於天，俯則觀法於地，觀鳥獸之
　　文與地之宜，近取諸身，遠取諸物，於是始作八卦，以通神明之德，
　　以類萬物之情。（〈繫辭下傳〉第二章）

可見伏羲循大化已然之迹，觀察錯綜複雜之自然，倣擬天下萬象之情態以畫卦，卦象備著而其當然之理皆顯於所畫之象。因此，盈天下皆象，而聖人會通其中奧妙之理而作易，「易」以象爲基礎。船山云：

　　非象無彖，非象無爻，非象與爻無辭，則大象、彖、爻、辭占，皆不
　　離乎所畫之象。易之全體在象，明矣。（《周易內傳》，卷六，頁8）

依船山之意，《周易》之易理涵於卦象，所謂大象、彖、爻及言吉、凶、悔、吝之辭占等等，皆依據象而立（其所謂「象」、「爻」諸義詳於下節），船山更由〈繫辭下傳〉之「《易》者，象也」來闡釋象與《周易》之關係，船山曰：

　　由理之固然者而言，則陰陽交易之理而成象，象成而數之以得數。
　　由人之占易者而言，則積數以成象，象成而陰陽交易之理在焉。象
　　者，理之所自著也。故卦也，爻也，變也，辭也，皆象之所生也，
　　非象則無以見易，然則舍六畫奇耦往來應違之象以言易，其失明矣。
　　（《周易內傳》，卷六，頁8）

又曰：

　　易之有象也，有辭也，因象而立者也；有變也，有占也，因數而生者
　　也。象者氣之始，居乎未有務之先，數者時之會，居乎方有務之際。
　　其未有務，則居也；其方有務，則動也。居因其常；象，至常者也。
　　動因乎變；數，至變者也。君子常其所常，變其所變，則位安矣！常
　　以制變，變以貞常，則功起矣。象至常而无窮，數極變而有定，無窮，
　　故變可治，有定，故常可貞。（《周易外傳》，卷五，頁7）

由上二段言語可知，易理之層次與占易之層次相逆，由易理本身而言，先有

陰陽交易之理，然後成象，象爲至常而無窮者，由象以著易理，象成後，由
人設數術數之而得「數」，即聖人因陰陽已然之迹以起數，而非天地之有數。
數爲極變而有定者，象與數之關係爲：「常以制變，變以貞常。」至於占易之
層次則爲由積數，爻備以成象，蓋「數之積也，畫已成而見爲象，則內貞外
悔，分爲二象，合爲一象，象於此立，德於此著焉。」〔註25〕故言占《易》
者先數而後象；由於理著於象，得象則陰陽交易之理在焉。因此，聖人作易
所產生之卦、爻、變、辭，和數等等，皆由象而來，舍昭示天人之蘊之卦象
及繫辭，而求見聖人作《易》之意，則難矣！略象派之王弼，其失即在於不
知象中之言，言中之意，爲天人之蘊所昭示於天下者。

　　由前論述可知，大易雖具「無方無體」、「周流六虛，不可爲典要」之性
格，然而研究《易》學亦並非毫無規範得可「得意忘言，得言忘象」，蓋先聖
精研大化已然之迹，深深體會易道，而制作含天人之蘊之卦體、象數、象爻
辭……等等，仍爲有統紀，有節度可循，而可資以爲解《易》之規準，只是
不可固執拘泥、墮入典要，而以爲由有限之一些卦象即可窺探易體之全，況
且，先聖由仰觀俯察天地、萬物，而以「卦象」來統貫表示陰陽「屈伸」、「往
來」、「奇偶」、「錯綜」……等之「天人之理」，其卦象之理則爲天地萬物中所
本具。因此，由根源處而言，若能善體「四聖同揆」之易理，窮神知化，則
仍可與天地萬化之「無方無體」相爲湊泊。換言之，易道雖「無方無體」神
妙莫測，然而仍可依四聖所同揆而得之《易》理予以「範圍」，此爲大易「無
期而有節」之特性。故船山曰：

> 天地之變化用其全，而人之合天者有裁成之節也。（《周易內傳》，卷
> 五，頁21～22）

又曰：

> 《周易》者，順太極之渾淪，而擬其動靜之條理者也。故乾坤並建
> 而捷立，以爲大始，以爲成物。……有時陽成基以致陰，有時陰成
> 基以致陽。材效其情而情无期，情因於材而材有節。有節則化不溢
> 於範圍，无期則心不私於感應。（《周易外傳》，卷七，頁12）

又曰：

> 天地自然，而人之用天地者，隨其隱見以爲之量。天地所以資人用
> 之量者，廣矣！大矣！伸於彼者詘於此，乃以無私；節其過者防其

〔註25〕《周易內傳》，卷一，頁9。

不及，乃以不測。故有長有消，有來有往，以運行於隱見之殊，而
人覺其嚮背。《易》以前民用，皆言其所嚮者也，則六位著而消長往
來，无私而不測者行焉。消長有幾，往來有迹，而條理亦可得而紀
矣。（《周易外傳》，卷七，頁12～13）

由這幾段話，可推知大易「無方無體」，故「無期」然而卻「有節」。蓋陰陽
相互往來之變化中，「消長有幾，往來有迹」，因此，研《易》者可順太極之
渾淪，擬其動靜之條理。如是，人之合天者，得以有裁成之節而統紀、範圍
易道之大化，由「變易」中得以把握「不易」之易理。由「變」扣「常」，以
免解《易》者「太放太遠」而失去規約，造成義理氾濫。若能善於由變求常，
則將能如前面引文所謂「常以制變，變以貞常，則功起矣！」蓋船山曰：「變
者其時，常者其德。」〔註26〕聖人由變貞常，常立而變不出範圍，因而變在
常之中，常亦在變之中，隨變屢遷而合德。

　　至此，吾人或許將油然而生一問題，即在《易》學之探討中，如何來「範
圍」易「無方無體」之神化，而達「無期有節」之境地？船山於書中雖未專
就此問題，直接了當地予以交待，使吾人有「典要」可執。然而其《易》學
中「兩中並建」說及「乾坤並建」說，可點化吾人探究此問題之綫索。「乾坤
並建」說當於下章論述，在此先舉「兩中並建」說來略爲窺測一下「變」與
「常」之關係：

船山嘗云：

> 春、夏、秋、冬，固無一定之寒暑溫涼，而方其春則更不帶些秋氣，
> 方其夏則了了與冬懸隔。其不定者，皆一定者也。聖賢必同之心理，
> 斯有所同之道法，其不同者時位而已。一部《周易》，許多變易處，
> 只在時位上分別，到正中、正當，以亨吉而無咎，則同也。（《讀四
> 書大全說》）

大易在不同之時間、空間中，雖不住地變動，但在其不定中，有一定之理，
如上段話所言，當其時，當其位，則「正中」、「正當」，而自有其不易之理，
可見「變」中有「常」，「無期而有節」。然而，《周易》中所言之「中」爲何
情況？船山云：

> 凡言中者，必一中焉，而易兩中，貞之二、悔之五皆中也。无中者散
> 而无紀，而易有紀。兩中者歧而不純，而易固純。何以明其然也，有

〔註26〕《周易外傳》，卷六，頁16。

中者奇，无中者偶，奇生偶成。聚而奇以生，散皆一也；分而偶以成，一皆散也。……故易立於偶，以顯无中之妙，以著一實之理，而踐其皆備者也。一中者不易，兩中者易。變而不失其常之謂常，變而失其常，非常矣！故曰：「執中無權，猶執一也。」中立於兩，一無可執，於彼於此，……一事之極致，一物之情狀，固有兩塗以合中，迹有異而功無殊。兩中者，盡事物而貞其至變者也。故合體天地之撰而用其盈，則中之位不立。辨悉乾坤之德而各極其致，則中之位，可並設而惟所擇。（《周易外傳》，卷六，頁19～20）

由上言可知，無中則散漫無紀，易有紀，可見易有中，易之中非一中，蓋執於一固定，唯一之「中」，則呆板而乏靈活的變通性。因此，易有兩中，即內卦第二爻及外卦第五爻，二中則「易」變而不失其常，船山稱：「進退可據之謂常」，〔註27〕如此吾人能因乾坤之德，盡事物之理而貞其至變，而權宜時變，擇合乎剛健中正之德者，即所謂「時中」，蓋「剛健以閑邪，執中以存誠，閑邪則誠可存，抑存誠於中，而邪固不得干也。」〔註28〕如此，學《易》者於進德修業上方能契合「神無方，易無體」、「無期而有節」之大易性格，而能符應於「知進退存亡而不失其正」之理想。

第五節　船山《易》學之研究綱領

船山於其晚年所著《周易內傳發例》中，嘗對《周易》作綜合性之論述。其於提綱挈領之論述中，不僅表明自身對《周易》所持之基本信念，及對《易》學價值之看法，更以其特定之觀點，檢討歷來若干重要之易學家。於文末且扼要敘述其治《周易》之方法與綱領。船山曰：

大略以〈乾〉〈坤〉並建爲宗，錯綜合一爲象，象、爻一致，四聖一揆爲釋。占學一理，得失吉凶一道爲義。占義不占利，勸戒君子、不瀆告小人爲用。畏文、周、孔子之正訓，闢京房、陳摶、日者黃冠之圖說爲防。（《周易內傳發例》，頁20）

又曰：

若夫易之爲道，即象以見理，即理之得失以定占之吉凶，即占以示

〔註27〕《周易內傳》，卷一，頁41。
〔註28〕《周易內傳》，卷一，頁12。

學，切民用，合天性，統四聖人於一貫，會以言、以動、以占、以
制器於一原。(《周易內傳發例》，頁3)。

茲依以上二段引文予以整理，歸結爲下列諸要項，並申述之：

一、以乾坤並建爲宗，錯綜合一爲象

爲避免贅文計，「乾坤並建」擬留待下章論述，此處先闡釋「錯綜合一爲
象」義，船山云：

> 《周易》之書，乾坤並建以爲首，易之體也。六十二卦錯綜乎三十
> 四象而交列焉，易之用也。純乾純坤未有易也。而相峙以並立，則
> 易之道在，而立乎至足者爲易之資。屯蒙以下，或錯而幽明易其位，
> 或綜而往復易其幾，互相易於六位之中，則天道之變化、人事之通
> 塞盡焉。(《周易內傳》，卷一，頁1)

《周易》一書之卦爻，大抵以「乾坤並建」爲體，而以屯蒙以下之六十二卦
錯綜於三十四象爲用，陰陽在六爻之位中相互往來，或以「錯」之法一幽而
一明，或以「綜」之法一往而一復，如此以範圍天道之變化與人事之通塞，
所以能如此者，蓋因十二爲陰陽之大節，於六爻位中此隱則彼現，彼隱則此
現，換言之，隱者六位，現者亦六位。船山曰：

> 故陽節以六，陰節以六，十二爲陰陽之大節而數皆備。見者半，不
> 見者半，十二位隱見具存，而用其見之六位，彼六位之隱者亦猶是
> 也。故乾坤有嚮背，六十二卦有錯綜，眾變而不舍乾坤之大宗。(《周
> 易外傳》，卷七，頁12)

船山以「乾坤並進」爲體，以「錯綜」爲用，來解釋《周易》整套卦爻之旁
通秩序，此爲其《易》學之獨特處。然而其解釋易卦，用以貫穿全易卦爻之
「錯綜」一詞究屬何意？吾人或可由其《周易稗疏》中獲得解釋，船山曰：

> 「錯」者，鑢金之械器，汰去其外而發見其中者也。「綜」者，繫經
> 之線，以機動之，一上而一下也。卦各有六陰六陽，陰見則陽隱於
> 中，陽見則陰隱於中，錯去其所見之陰則陽見，錯去其所見之陽則
> 陰見，如乾之與坤，屯之與鼎，蒙之與革之類，皆錯也。就所見之
> 爻，上下交易，若織之提綜，迭相升降，如屯之與蒙，五十六卦皆
> 綜也。舊未注明，不知此乃讀《易》之要，不可忽也。(《周易稗疏》，
> 卷三，頁5)。

「錯」者可比擬治金之器，交相違拂之情，因各卦皆具六陰六陽（其義詳於下章第四節），故在六爻之位中，陰見則陽隱，陽隱則陰見，「錯去其所見之陰則陽見，錯去其所見之陽則陰見」，陽陰一嚮一背，贏於此者詘於彼，幽明相迭用，此見則彼隱，彼見則此隱，此稱之爲「錯」，例如屯卦與鼎卦，蒙卦與革卦：

屯　　　鼎　　　　　蒙　　　革

「綜」者若以繩維經，一上一下交織，互相升降之謂也，例如屯卦與蒙卦，鼎卦與革卦，此卦顛倒之則爲彼卦，彼卦顛倒之則成此卦，此稱之爲「綜」。

革　　　　　　　　　　蒙

不論「錯」抑「綜」，皆陰陽二儀相間，推移變易於六位之中，一彼一此，屈伸、往復、陰陽互見，而一切天道及人事俱涵蓋於內，船山曰：

> 「雜」者，相間之謂也。一彼一此，一往一復，陰陽互見，而道義
> 之門啓焉。故自伏羲始畫，而即以相雜者爲變易之體，文王因之，
> 而以錯綜相比爲其序。（《周易內傳》，卷六，頁 35）

又曰：

> 夫錯因嚮背，同資皆備之材，綜尚往來，共役當時之實。會其大全
> 而非異體，乘乎可見而无殊用。然則卦雜而德必純，德純而无相反
> 之道，其亦曙矣。……雜因純起，積雜以成純，變合常全，奉常以
> 處變，則相反而固會其通。（《周易外傳》，卷七，頁 22）

《周易》以一陰一陽相雜於六爻之位，作爲變易之體，以錯綜相比來衍生六十四卦、三十四象，其列「乾坤並建」於首以奠其經，至既濟、未濟水火交定，則乾坤相交之極致於此而成，因而盡其緯。既濟、未濟與乾坤相爲終始，乾坤乃純之至者，既濟未濟則爲雜之尤者，然而「雜因純起，積雜以成純」，雜統於純，因而「卦雜而德必純」。

綜觀《周易》六十四卦嚮背顛倒而象皆合，其可綜者固可錯也。然依船山之意，《周易》以綜爲主，不可綜而後錯，所以如此者其理由有二，茲引船

山之言，分別說明之，船山曰：

> 蓋以天有全象，事有全理，而人之用之者但得其半，天道備而人用
> 精，是以六爻之中，陰陽多寡，即就此而往復焉，則已足備一剛一
> 柔之用，善一進一退之幾，成一仁一義之德矣。……知其異乃可以
> 統其同，用其半即可以會其全，故略於錯而專於綜。實則錯綜皆雜
> 也，錯者幽明之迭用，綜皆用其明者也，《周易》六十四卦，爲三十
> 二對偶之旨也。（《周易內傳》，卷六，頁 35）。

天之象、事之理爲完整者，依人之認識層面而言，明者易見，幽者難知，故
吾人以有限之人智，依已然之化迹，擬肖天象與事理之大略而已，是以得用
者其半，船山爲昭示吾人不可執象，進而信其爲天之全象、事之全理，故言
「略於錯而專於綜」，以期使吾人用其半而當會知其全。《周易》以綜爲主，
此其一也。

船山又曰：

> 凡綜卦有錯，用綜不用錯者，以大化方往方來，其機甚捷，而非必
> 相爲對待，如京氏、邵子之說也。故曰「易圓而神」，「神」以言乎
> 其捷也。「圓」以言乎其不必相爲對待也。（《周易外傳》，卷七，頁
> 17）

〈繫辭〉云：「神無方而易無體」、「陰陽不測之謂神」，陰陽往來之神，「其機
甚捷，而非必相對待」。《大易》五十六卦之「綜者」，捷往捷來，捷反捷復，
神妙圓通，藉此以象徵天地化生萬物之活潑靈巧及富有機趣，一陰一陽之道
實有難以測識之神奇奧妙，豈可立典要予僵固，侷限之？故吾人對大化之流
行，實難以有涯之方，有定之體，立一精密之機械秩序，而期待其漸次始交。
《周易》以綜爲主，此其二也。

舉凡《周易》六十四卦，錯而不綜者有八，綜之象二十八而成五十六卦，
合計三十六象，茲陳列於後：

凡錯綜同象之卦，其卦八，其象四：

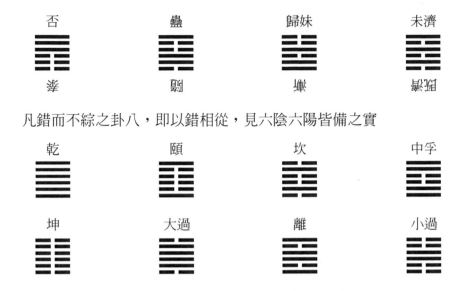

凡錯而不綜之卦八，即以錯相從，見六陰六陽皆備之實

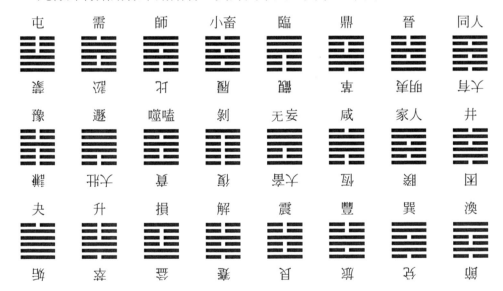

凡綜卦有錯用綜不用錯者，其卦四十八，其象二十四：

二、象爻一致，四聖一揆爲釋

「四聖一揆」係船山闡釋《周易》之基本信念，前嘗論及，在此省略。茲先分辨「象」、「爻」爲何物？再論象與爻之關係。至於「象」「爻」等之作者問題，屬專門性之考證問題，不在本論文題旨內，吾人視船山之說法爲一假定而予以述而不評。

（一）分釋「彖」、「爻」

　　《周易‧繫辭上傳》第三章曰：「彖者，言乎象者也。爻者，言乎變者也。」船山云：「文王以全卦所具之德，統爻之變者謂之彖。言『彖曰』者，孔子釋彖辭之所言如此也。『象曰』義同。」〔註29〕韓康伯註云：「彖總一卦之義也」，〔註30〕依船山之意，彖者為文王即伏羲之卦象而體全卦所具之德，繫彖辭以統爻之變，以發明卦象、得失、吉凶之所由。而孔子即文王之彖辭，贊其所以然之理，成〈彖傳〉。《周易》言「彖曰」者，即〈彖傳〉之所言。

　　至於爻，則《周易‧繫辭上傳》第八章有云：「聖人有以見天下之動，而觀其會通，以行其典禮，繫辭焉以斷其吉凶，是故謂之爻。」船山註曰：「爻，效也。著於動而呈其占也。卦者，事物之定理；爻，其一時一事之幾也。」〔註31〕《正義》曰：「議此會通之事而為爻也。夫爻者，效也。效諸物之通變。」〔註32〕案爻有陰陽二體，陽爻其畫奇「—」，陰爻其畫偶「--」，六畫卦之陽爻曰九，陰爻曰六。六十四卦皆由奇偶之畫變化而成，故爻主變，效天下之動也。效與爻古音同，故謂之爻。〔註33〕是以爻辭者乃彖辭旁通之情，著諸物之變動及其時機，以示占者時位之宜。

　　船山以為爻辭係周公所作，所謂：「周公又即文王之彖，達其變於爻，以研時位之幾而精其義」，〔註34〕然而依其「四聖同揆」之說，不論彖辭或爻辭，皆因伏羲畫卦象而立。《易》云：

　　　　聖人設卦觀象，繫辭焉而明吉凶。（〈繫辭上傳〉，第二章）

船山註曰：

　　　　聖人謂文王、周公。「設卦觀象」，設卦畫於前而觀其成象也。「辭」者，象之義也。「吉凶」，象之所固有而所以然之理，非辭不明。「繫」者，相屬而不離之謂。彖爻之辭，必因乎象之所有。（《周易內傳》，卷五，頁6）

彖者，言一卦全體之成象，爻者，言乎九六發動之幾應，彖爻之辭因象變而著其吉凶之義，以徵人事。至於《周易》中言「象曰」者，依船山之意，不

〔註29〕　《周易內傳》，卷一，頁6。
〔註30〕　《周易》王韓註，頁47，新興書局，民國60年2月1版。
〔註31〕　《周易內傳》，卷五，頁18。
〔註32〕　《十三經註疏‧周易正義》，頁69，廣文書局，民國61年元月初版。
〔註33〕　此處參考王瓊珊著《易學通論》，第137頁，廣文書局印行，民國51年初版。
〔註34〕　見《周易內傳發例》第1頁。

論釋卦義之〈大象〉，抑釋爻辭之〈小象〉，皆孔子所作。

（二）象與爻之關係

《易》云：

> 象者材也。爻也者，效天下之動者也。是故吉凶生而悔吝著也。（〈繫辭下傳〉，第三章）。

船山註曰：

> 「材」者，體質之謂，「效天下之動」則其用也。有此體乃有此用；用者，用其體，惟隨時而異動爾。……吉、凶、悔、吝，辭之所生所著也，因爻而呈，而爻亦本乎象所固有之材。材者，畫象之材也。
>
> 非象無象，非象無爻，非象與爻無辭。（《周易內傳》，卷六，頁 8）

按船山之解釋，「象」係指畫象之材，一卦之體質，而爻者、效也，本象固有之材而起效用，係隨時而變動者，天地之化理，人物之情事，所以成萬變，作易者比擬其酬酢之道而呈效於其中。由辭所著之吉、凶、悔、吝亦因爻而呈，人之法天而應物者，亦資三百八十四爻而盡其用。因此象與爻之關係不僅爲象爲體，爻倚象而用之體用關係，亦可謂爻之動出於象之靜之動靜關係。

船山曰：

> 夫象者材也，爻者效也。效者，材之所效也。一木之生，枝莖葉花合而成體者，互相滋也。一車之成，輻轂衡軸分而效用者，功相倚也。其生也，不相滋則破而无體，其成也，不相倚則缺而廢用。故爻倚象以利用，抑資於象以生而成體。吉凶悔吝之效，未有離象以別有指歸者也。故曰：「觀其〈象〉辭，則思過半矣」。（《周易外傳》，卷六，頁 17）

由此段引文，吾人可得見船山闡釋象與爻之體用關係。

> 易之有卦，則六位皆備，而一成始終。積以相滋，而合之爲體，是故象靜而爻動，動者動於所靜，靜者固存也。……蓋靜者所生，動者其生，生於所生，則效固因材而起矣。（《周易外傳》，卷六，頁 17）

船山於此段言語中闡釋爻與象之動靜關係。由象與爻之體用關係及動靜關係，吾人可知象與爻係道合而一致者。象外無爻，而爻之效因材而起，爻乃象辭旁通之情，爻動而變，變而情生事起。象總一卦之義，故象爲體，爻爲用。以一卦言之，則象爲體，六爻皆其用，體貞而用變，〈繫辭〉云：「爻者，

言乎變者也。」故船山曰：

> 以全《易》言之，乾坤並建以爲體，六十二卦皆其用。以一卦言之，
> 象以爲體，六爻皆其用。用者，用其體也。原其全體以知用之所自
> 生，要其發用以知體之所終變。舍乾坤無易，舍〈象〉無爻。六爻
> 相通，共成一體，始終一貫，義不得異。（《周易內傳》，卷六，頁
> 20）

由此段言語，使吾人益明象與爻間，六爻相通共成一體之象爻一致關係。是
以，船山於示人讀《易》之法時嘗云：「凡經中爻辭俱與〈象〉通，周公祖述
及文王旨也。」〔註35〕依此而可即爻論〈象〉，或即〈象〉明爻，所謂「觀其
象以玩其象，則得失之所由與其所著，吉凶之所生與其所受，六爻合一，而
爻之義大明矣。」〔註36〕蓋「〈象〉爲爻材，爻爲〈象〉效，以〈象〉之經，
求爻之權，未有不鍼芥相即者也。……爻之義無不盡於〈象〉中，而何讀《易》
者弗之恤邪！篇中以爻不悖〈象〉爲第一義。」〔註37〕

　　船山以「象爻一致」爲其解釋《周易》之一要領，另方面亦係因其認爲
即象爻之辭以玩味卦德，則可體認深遠之易道，而符合「即約以賅博」之學
易原則。船山曰：

> 象爻之辭，反覆以推卦德，示易道之廣大悉備，義味無窮，使讀《易》
> 者即約以賅博，勿執典要以廢道。（《周易內傳》，卷一，頁 14）。

船山既提出象與爻之關係及其與研究《周易》之重要性，然吾人或生一疑問，
除於即〈象〉明爻之外，如欲探求〈象〉爻之義而不離全《易》之旨趣，可
否取資於他處？依船山之意，欲深求〈象〉爻之義而明《大易》之歸趣，則
必依〈繫辭傳〉之要旨，而不可冒然於即〈大象〉以釋〈象〉爻辭或據〈象〉
以論〈大象〉辭，蓋船山曰：

> 昔者夫子既釋象爻之辭，而慮天下之未審其歸趣，故〈繫傳〉作焉；
> 求〈象〉、爻之義者，必遵〈繫傳〉之旨，舍此無以見易，明矣！（《周
> 易內傳發例》，頁 8）

又曰：

> 後儒談易之敝，大抵論爻則不恤〈象〉，論〈象〉、爻則不恤〈繫傳〉，

〔註35〕 《周易稗疏》，卷一，頁 9。
〔註36〕 《周易內傳發例》第 11 頁、其所言之「象」係指卦象。
〔註37〕 《周易內傳發例》第 8 頁。

不知三聖之精蘊非〈繫傳〉二篇不足以章著。此乃孔子昭示萬世學
易、占易之至仁大義。(《周易內傳發例》，頁19)

依船山之意孔子〈繫辭傳〉之作，係爲使研易者把握全易之歸趣而明〈象〉
爻辭之義，可惜若干後儒談《易》未能明鑒於此，而不據〈繫傳〉明〈象〉
爻之義，亦不知即〈象〉明爻，是以不足以彰著三聖之精蘊，甚或將〈大象〉
與〈象〉爻混爲一談，而致隱晦《易》學。船山曰：

〈大象〉之與〈象〉、爻，自別爲一義。取〈大象〉以釋〈象〉、爻，
必齟齬不合，而強欲合之，此易學之所由晦也。易以筮，而學存焉，
惟〈大象〉則純乎學易之理，而不與於筮。(《周易內傳發例》，頁
15)

船山以爲《易》學所以趨於晦而不顯，其原因之一，乃爲研《易》者不明〈大
象〉與象〈象〉爻有分別義，而強以〈大象〉釋象爻，遂生齟齬不合之情事。
〔註38〕蓋〈大象〉係孔子據伏羲所畫之卦象，因其象而體其德，以爲學易者
示，故〈大象〉純乎學易之理而不雜入筮，而爻辭係爲占易者言，是以船山
示人勿以〈大象〉釋〈象〉爻之辭。吾人觀乎〈大象〉，其發言之體例，常爲
上句釋內、外卦所合成之卦象，而下句即針對該卦象所蘊之卦德，言君子或
先王進德修德業之事，例如：〈乾卦〉之〈大象〉曰：「天行健，君子以自強
不息。」可見〈大象〉以道德修養爲重心，故船山曰：

此所謂〈大象〉也。孔子就伏羲所畫之卦，因其象以體其德，蓋爲
學易者示。(《周易內傳》，卷一，頁8)

又曰：

爻辭爲占易者言，〈大象〉爲學易者言。……不可以〈大象〉釋爻明
矣。(《周易稗疏》，卷一，頁9)

綜觀船山採「象爻一致，四聖同揆」之釋易原則，乃欲即伏羲所畫卦象
以見文王之〈象〉辭，即文王之〈象〉辭以明周公之爻辭，即文、周之〈象〉
爻辭以明孔子所贊之《易傳》。由此層層相因，後聖以達先聖之意，所謂「四
聖同揆」也。其於《易》學大道上，前後連貫，合爲一軌。船山以此「四聖
同揆」之《易》學奉爲聖學正宗，視此爲正人心、息邪說之根本要圖。所謂
「即象見象，即〈象〉明爻，即〈象〉爻明傳，合四聖於一軌，庶幾正人心，

〔註38〕例如船山註〈小畜〉卦曰：「此卦〈大象〉與〈象〉殊異，故讀《易》者不可
執〈象〉以論〈大象〉，則不可執〈大象〉以論象爻明矣！」

息邪說之遺意云。」〔註 39〕此爲其「四聖同揆」之信念，亦爲其《易》學方法之層次。

三、占學一理，得失吉凶一道爲義。占義不占利，勸戒君子不瀆告小人爲用

（一）占易與學易之分

《易》云：

> 易有聖人之道四焉：以言者尚其辭，以動者尚其變，以制器者尚其象，以卜筮者尚其占。（〈繫辭上傳〉，第十章）

先聖雖四方面研究大易，然而船山認爲於上古原始之社會，物質文明始萌，器物未備，民用不便，是故「以制器者尚其象」，如今物質文明歷經長期之發展，民生所需之諸般器具已日益完備，而非後世所急之務，故船山將「易有聖人之道四焉」歸約爲「占易」與「學易」。所謂：

> 易之垂訓於萬世，占其一道爾，故曰：「易有聖人之道四焉」。惟「制器者尚其象」，在上世器未備而民用不利，爲所必尚，至後世而非所急耳。以言尚辭，以動尚變，學易之事也。故占易、學易，聖人之用易，二道並行，不可偏廢也。故曰：「居則觀其象而玩其辭」，學也；「動者觀其變而玩其占」，筮也。（《周易內傳發例》，頁 4）

船山不但簡約《周易》之研究爲「占易」與「學易」，且依吾人生活之「平居」與「行動」，分別賦予「占易」與「學易」之研究對象。平時則觀象玩辭以潛修之，遇事變擬採行動時，則觀變玩占，以期求貞得利。然而，何謂「占」？

《易》云：

> 極數知來之謂占，通變之謂事。（〈繫辭上傳〉，第五章）

船山註曰：

> 「極」，根極之也。「事」，謂即占而利用之，以成乎事也。……吉凶未形，而善不善之理可以前知，不爽乎其數。易之有占，率此道也。（《周易內傳》，卷五，頁 11）

可知「占」係指吾人在應物行事之前，細察其變化之幾微，預知善不善之理，推斷其吉凶，採進退之道以成善事。由於易占未來之吉凶，故六爻之成卦，

〔註 39〕《周易內傳發例》，頁 2。

其畫自初而二以至於上，積之而卦成，所謂：

> 欲知將來之吉凶，則善惡有基，得失有本，必從下而上。故易卦以
> 下一爻爲初，筮法先得初，次得二，次三，次四，次五以終於上，
> 而數乃合十八變之積，以成吉凶之象，所謂逆也。（《周易稗疏》，卷
> 四，頁 3）

然而船山對筮法，未予以具體之詳述，故吾人不得其說。至於其所謂觀象玩
辭之「學易」爲何？船山曰：

> 夫學易者，盡人之事也。盡人而求合乎天德，則在天者即爲理。天
> 下無窮之變，陰陽雜用之幾，察乎至小、至險、至逆，而皆天道之
> 所必察。苟精其義，窮其理，但爲一陰一陽所繼而成象者，君子無
> 不可用之以爲靜存動察、修己治人、撥亂反正之道。（《周易內傳發
> 例》，頁 15）

是以，學《易》者係指精研微妙之易理，以求知天人之全體大用，窮神知化，
窮理盡性，且由修己治人，撥亂反正之踐履，以贊天地大生廣生之德，修成
崇高之人文生命價值。

（二）評往昔之占《易》者

船山不滿一般世俗過於著重易之卜筮，而忽略易理之重要性，故予以評
擊之，船山曰：

> 顧自連山以後，卜筮之官各以所授受之師說而增益之，爲之繇辭者
> 不一，如《春秋傳》所記，附會支離，或偶驗於一時，而要不當於
> 天人性命之理。流及後世，如焦贛、關朗之書，其私智窺測象數，
> 而爲之辭，以待占者，類有吉凶而无得失。下逮火珠林之小技，貪
> 夫、淫女、訟魁、盜師，皆得以猥鄙悖逆之謀，取決於易，則惟辭
> 不繫於理數甚深之藏，而又旁引支干、五行，鬼神、妖妄以相亂。（《周
> 易內傳》，卷五，頁 2）。

由此段言語可見船山批斥逐占而廢學之陋。其謂連山易支離分歧，不審天人
性命之理，其占易雖嘗偶驗於一時，然大體而言，仍有附會支離之嫌，至於
焦贛之《易林》不但不悔其瀆，且歸咎於文王、周公之辭有限，不足以盡象，
因而以私智窺測象數，但爲四千九十六之繇辭，然而天化、物理、事變之至
賾，可謂層出不窮，豈僅四千九十六之繇辭足盡哉！且其所占迎合流俗小人
之細事，實爲致力於進德修養之君子所不取。至於火珠林之類，販夫走卒，

貪夫淫女等，所問所占大抵在於滿足私志和私欲，患得患失，易養成僥倖與
依賴之心理，相信命運而廢人事之努力，不求立身行事之貞合於義，不察物
宜，不循典禮，猥鄙悖逆之謀，逐占廢學，實不足取，故船山抨擊之。

　　然而，船山何以不廢占易？再者，其所讚許之占易其途徑若何？斯請論
於下二項目。

（三）不廢占易之理由

　　船山雖批評往昔之逐占廢學者流於邪鄙，卻仍認爲有研究《易》占之必
要。其曰：

> 以《易》爲學者問道之書而略筮占之法，自王弼始。嗣是言易者不一
> 家，雖各有所偏倚，而隨事以見得失之幾，要未大遠於易理。惟是專
> 於言理，廢筮占之法於不講，聽其授受於筮人，則以筮占之道，不能
> 得先聖人謀、鬼謀、百姓與能之要。（《周易內傳發例》，頁17）

依船山之意，王弼將《易》視爲研究易理之學，因而「略筮占之法」。此後，
《易》學家多偏重易理，不講筮占之法，結果易之筮占流於世俗不明《易》
理之卜筮者手中，致使占易脫離「先聖人謀、鬼謀、百姓與能之要」，是故，
不足以就占之易簡來通攝極高明之《易》學易理，自然亦無法藉易簡之占，
使《易》學、易理落實到人生日常行事之中。而大易之智慧未足以普及群機，
爲廣大生靈所受用。是以，船山不但不廢占易，且主張予以研究，一方面可
救占《易》免於流入世俗支離邪鄙之末技；再者，可扶占易入《易》學易理
之中，使《易》教藉占易更能普應群機，宏揚光大。

（四）占學一理，占義不占志

　　船山爲扶占易入學《易》之中，並指出占易正當之途徑，因而提出「占學
一理，占義不占志」之主張，同時頗強調「《易》爲君子謀，不爲小人謀」之宗
旨。

　　船山雖主張占易與學《易》不可偏廢，其《易》學著作中，雖占、學並
詳，但仍側重學《易》，而擬將占《易》落實於學《易》之基礎上，蓋船山曰：

> 古之爲筮者，於事神治人之大事，內審之心，求其理之所安而未得，
> 在天子、諸侯則博謀之卿士以至於庶人，士則切問之師友，又無折
> 中之定論，然後筮以決之。抑或忠臣孝子，處無可如何之時勢，而
> 無以自靖，則筮以邀神告而啓其心，則變可盡，而憂患知所審處，

是知易者，所以代天詔人，迪之於寡過之塗，而占與學初無二理。(《周易內傳》，卷六，頁 19～20)。

又曰：

故占易、學易，聖人之用易，二道並行，不可偏廢也。……居則玩辭者，其常也。以問焉而如嚮，則待有疑焉而始問，未有疑焉無所用易也。且君子之有疑，必謀之心，謀之臣民師友，而道之中正以通，有未易合焉者，則其所疑者亦寡矣。學則終始典焉而不可須臾離者也。故曰：《易》之爲書也不可遠」，徒以占而已矣，則無疑焉而固可遠也。故篇內占與學並詳，而尤以學爲重。(《周易內傳發例》，頁 4～5)

可知古之筮者，或君子之占，當其遇疑難不決之事時，必先謀之於心，求理而未得，則與臣、民、師友博謀之，切問之，若猶不得折中之定論時，方以占筮求解決。或是忠臣孝子處無可奈何之境遇，而無以自靖時，則占筮求啟示以期入寡過之塗。凡此，可見古之筮者，或君子之占筮，皆處不得已時方爲之占，因此易占之機會不多。然而於求理未得時，仍有助人斷事決疑之功，故占易仍有其存在價值。至於學《易》，則爲吾人立身處世「終始典焉，而不可須臾離者」。船山遂引占易入學《易》之中，將占易與學《易》融合貫通，主張由義理之基礎上行占易之事，故曰：「即象以見理，即理之得失以定占之吉凶，即占以示學。」是故，船山所謂君子之占，非爲一己之私欲患得患失，而係藉占易以輔助其進德修業之事。故君子之占在於明理見義，以理之得失，即審其是否合乎「義」來定占之吉凶。船山且以文王、周公、孔子繫辭爲傳之旨意以引證其「占學一理」之說，船山曰：

若夫文王、周公所繫之辭，皆人事也，即皆天道也；皆物變也，即皆聖學也；皆禍福也，即皆善惡也。其辭費，其旨隱，藏之於用，顯之以仁，通吉凶得失於一貫，而帝王經世、君子窮理以盡性之道，率於此而上達其原。夫子慮學《易》者逐於占象而昧其所以然之理，故爲之《傳》以發明之，即占也，即學也，即以知命而不憂，即以立命而不貳。其以喻斯人於人道之所自立，而貞乎生死休咎之大常，意深切矣。(《周易內傳》，卷五，頁 2)。

船山認爲文王、周公所繫之〈彖〉爻辭，乃通吉凶得失於一貫。孔子作《易傳》之旨，亦在於標明《易》爲即天以立人道之聖學，爲防患學《易》者逐

於占象而昧於易理，故提示「即占也，即學也」。換言之，船山認為本文王、周公、孔子繫辭，為傳之正義而占，乃為正占，以義為占方為易占之正途。所謂：

> 易之為書，言得失也，非言禍福也，占義也，非占志也，此學《易》者不可不知也。（《周易內傳》，卷六，頁 19）。

> 是知占者即微言大義之所存，崇德廣業之所慎，不可云徒以占吉凶，而非學者之先務也。（《周易內傳發例》，頁 4）

船山主張占學一理，通吉凶得失一貫以為義，然而其所謂之「吉凶與得失」為何？船山曰：

> 「吉凶」者，得失之影響。聖人之斷吉凶，斷之以得失而已。（《周易內傳》，卷五，頁 18）

> 進所宜進，退所宜退則得，進而或躁或阻，退而或疑或怯則失。卦象雖成而當其位有進退之幾焉。（《周易內傳》，卷五，頁 19）。

是以，進退得宜則謂「得」，失宜則謂「失」，得失之影響則成「吉凶」。故聖人以得失來斷吉凶，然而聖人又據何以斷得失呢？船山曰：

> 得失，以理言，謂善不善也。……於其善決其吉，於其不善決其凶，無不自己求之者，示人自反，而勿僥倖，勿怨尤也。（《周易內傳》，卷五，頁 7）。

又曰：

> 占者以仁義之存去審得失，而吉凶在其中矣。故曰：「易不為小人謀」，以其拂性而不能受命也。（《周易內傳》，卷六，頁 27）。

蓋天地所以宰萬物者以理，《周易》依時位當然之理以著其得失，故聖人據理之順逆測吉凶，亦即以仁義之理來審得失，斷吉凶，合善則吉，不合善則凶。如此，占易與學易密切地結合，「即理之得失以定占之吉凶」，《易》學者以仁義盡性至命，易占者以仁義審得失吉凶。由是益明大易為正誼明道之教，而非謀利計功之術也。小人未能以仁義立身處世，斤斤於私利私慾之滿足，「拂性而不能受命」，故《易》為君子謀不為小人謀。此乃船山所謂：「占義不占利，勸戒君子不瀆告小人為用」之義，亦彰顯《易》為精義之學。不但平居學易就義上學，由錯綜變化之各個卦爻，依其各別之「時」與「位」來研其「幾」、精其「義」、窮其「理」，即遇躊躇難決之事而求之「占易」時，亦就當時特定之卦與爻，某某時與位，為其「研幾」、「精義」、「窮理」之占，以

求合乎「時中」，而中乎「義」，成乎吉事。船山將占易與學易融結於吾人安身立命之義理處，裨吾人實際受用《周易》之德慧以行仁踐義，於人生正道上實現理想之人格，其識見深值吾人讚許也。

第三章　船山《易》學之宇宙論

　　《大易》一書常被認之爲儒家宇宙觀之代表。依哲學而言，宇宙論係就物體實有以研究物質世界之普遍原理，以追究物質世界一切生成變化之最後原因與原理之學問。所謂「物體實有」乃宇宙論研究之質料對象，「最後原因與原理」係指宇宙論研究之形式對象。〔註1〕茲透過船山先生之《周易內、外傳》及若干其他注疏之作，相信不僅對船山心目中之宇宙觀略有所瞭解，且亦能俾益吾人對《周易》宇宙觀之探討。

第一節　道器相須不相離及理氣一源、體用合一之基本主張

一、道器相須不相離

　　首先吾人當考察船山對《周易‧繫辭上傳》第十二章「形而上者謂之道，形而下者謂之器」之解釋。船山云：

　　「形而上」者：當其未形而隱然有不可踰之天則，天以之化，而人以爲心之作用，形之所自生，隱而未見者也。及其形之既成而形可見，形之所可用以效其當然之能者，如車之所以可載，器之所以可盛，乃至父子之有孝慈、君臣之有忠禮，皆隱於形之中而不顯。二者則所謂當然之道也，形而上者也。「形而下」，即形之已成乎物而可見可循者也。形而上之道隱矣，乃必有其形，而後前乎所以成之

者之良能著，後乎所以用之者之功效定，故謂之「形而上」而不離
乎形。道與器不相離。（《周易內傳》，卷五，頁 35）。

據此段言語，吾人可知船山由認識層面，將「形而上」與「形而下」作一區
分，把具有擴延性（extension）（即有形可見、有度量可稱之物體實有）歸之
爲「形而下者謂之器」，而將形器之所從生，及其隱然不可見，不可踰之「天
則」，及形器所以能用之者之性質功能，乃至人倫之間「當然之道」，皆指稱
「形而上者謂之道」，船山賦予「道」豐富之意義，此處所言「道」，乃指所
化生之物於顯用時，其所依循之方向、律則，例如人倫間「當然之道」其意
指人與人相處時，依其倫序關係，所應遵循之正途。依船山之言，吾人尚應
注意者，乃當吾人肯定形器之實有後，方能顯用該器物之性質功能；形器中
所涵之道，方能藉器物之形迹、效用而得深切著明之彰顯，吾人亦方能按器
物之功能效用而對其所內涵之道有所認識，此即所謂「即器見道」是也。

此外船山就物體實有之本身而言，形而上之道不離乎形而下之器，道與
器不相須臾而離，離則該物毀矣！道器不但不相離，且相須以相成。〔註2〕故
云：

形而上者，非無形之謂。既有形矣，有形而後有形而上。無形之上，
亙古今，通萬變，窮天窮地，窮人窮物，皆所未有者也。（《周易外
傳》，卷五，頁 26）

又曰：

形而上者，隱也；形而下者，顯也。纔說箇形而上，早已有一「形」
字爲可按之跡，可指求之主名。（《讀四書大全說》，卷二，第 22 頁，
《中庸》第十一章註）

由此二引文可知形而上者與形而下者相函不相離，故船山於此處係將形而上
之道指稱內在於現實實有者，換言之，船山將「形上之道」意指內具於器
物之性質、德能，當器物顯發其用時，則有其可依循之方向與律則，例如車
之可「載」，器之可「盛」。父之「慈」，子之「孝」等等。

二、理氣一源

由物體實有之層面而言，道與器可謂一物之二面，此種一而二、二而一

〔註2〕船山曰：「器道相須而大成焉」，《周易外傳》，卷三，頁 2。廣文書局，民國
60 年 5 月初版。

之關係乃爲一陰一陽交感之和所貫穿者。船山云：

> 統此一物，形而上則謂之道，形而下則謂之器。無非一陰一陽之和
> 而成。(《思問錄‧內篇》)

依船山之意，一切具形器之實有物，皆係依陰陽之氣以成。故曰：

> 「天以陰陽五行化生萬物」，以者用也，即用此陰陽五行之體也。(《讀
> 四書大全說》，卷二，頁6)

船山承橫渠以氣釋陰陽之說，謂陰陽係一種屬「氣」之實體，而氣與理乃相
互依存，理寓於氣中，氣依所含之理而起作用，理與氣之關係爲可辨而不可
分者，船山曰：

> 天人之蘊，一氣而已。從乎氣之善而謂之理，氣外更無虛託孤立之
> 理也。(《讀四書大全說》，卷十，頁2)

> 言氣即離理不得。……理與氣互相爲體，而氣外無理，理外亦不能
> 成其氣，善言理氣者必不判然離析之。(同上，頁36)

> 理以治氣，氣所受成，斯謂之天。理與氣原不可分作兩截。……氣
> 之條緒節文，乃理之可見者也。(同上，卷九，頁5)

是故天人與宇宙中萬物皆由氣化而生，而言氣則離不開理，理寓氣中，爲氣
之主持、分劑及和同者，「氣之條緒節文，乃理之可見者也。」氣外無理，理
氣相合爲一體，理氣不可判然離析而分作兩截。

三、體用合一

　　船山由道器相須不相離，理氣一源之學說立場，於立論體用關係處亦秉
持其一貫之思路，茲簡介體用合一說。

　　由物體實有之層面而言，體用相函者也，體用乃一物之二面，不可截然
分離。船山曰：

> 體用元不可分作兩截。(《讀四書大全說》，卷一，頁15)

> 體用相函者也，……體以致用，用以備體。……無車何乘？無器何
> 貯？故曰：「體以致用」，不貯非器，不乘非車，故曰：「用以備體。」
> (《周易外傳》，卷二，頁23)

依船山體用相函之意，於物體實有之層面而言，例如車爲體，則車之可乘爲
車之用，車係致乘坐之用者，此爲「體以致用」，而乘坐之用係具備於車者，

故曰：「用以備體」。體用合一說用於宇宙論則爲即體而用。船山云：

> 太和本然之體，未有知也，未有能也，易簡而已；而其所涵之性，
> 有健有順，故知於此起，法於此效，而大用行矣。（《張子正蒙注》，
> 卷一，〈太和篇〉，頁2）

體用雖不可分，然而由船山之語氣似乎較著重於「用」者，蓋與其著重實際功效之「眞知實踐」精神有極密切之關係。再者，體用既相涵爲一，體不離用而立，則吾人由認識層面而言，吾人可藉一物所顯發出來之用，而逆證本體之實有，此乃即用以證體。船山云：

> 天下之用，皆其有者也，吾從其用而知其體之有，豈待疑哉！用有
> 以爲功效，體有以爲性情，體用胥有而相需以實。（《周易外傳》，卷
> 二，頁2）

> 善言道者，由用以知體。（同前）

可見船山宇宙觀之基本觀點，不僅主張「道器不相離」，且主張「體用合一」、「理氣一源」之一元論。其解釋《周易》之宇宙觀，乃以此基本觀點作出發，至論「理」、「氣」、「道」三者於其宇宙論中居何角色？當於以下數節闡明之。

第二節　太　極

《易》有云：「是故易有太極，是生兩儀，兩儀生四象，四象生八卦。」（〈繫辭上〉第十一章）太極一詞，在《易經》中僅在此處出現一次。歷來學者對太極之看法，咸認爲太極係宇宙中萬物生成變化之本源。至論太極爲宇宙至上之實體或僅爲虛理？若係實體，則究爲何種實體？自來眾說紛紜，莫衷一是。

推爲宋明理學宗師之周濂溪，作《太極圖說》，曰：

> 無極而太極，太極動而生陽，動極而靜，靜而生陰。靜極復動，一
> 動一靜，互爲其根，分陰分陽，二儀立焉。陽變陰合，而生水、火、
> 木、金、土。五氣順布，四時行焉。五行，一陽陰也；陰陽，一太
> 極也；太極，本無極也。五行之生也，各一其性，無極之眞，二五
> 之精，妙合而凝，乾道成男，坤道成女，二氣交感，化生萬物，萬
> 物生生，而變化無窮焉。惟人也，得其秀而最靈。

《太極圖說》係周濂溪用以解釋其太極圖者，爲宋明理學家中較有系統之一

項著作，其後之理學家，相繼採爲推衍宇宙論之藍本之一。

　　周子之說雖本於《易經》，然已雜入讖緯及道家之思想。蓋五行係漢儒所喜言，無極則採於道家。朱子嘗云：「伏羲作易，以一畫以下，文王演易，以乾元以下，皆未嘗言太極，而孔子言之。孔子贊易，以太極以下，未嘗言無極，而周子言之。」（〈答陸子靜書〉）儘管如此，周子仍爲首發解釋「太極」之端緒者，至朱熹則予太極較詳細之說明。朱子於其《太極圖說解》中云：

　　　　無極太極，正所謂無此形狀，而有此道理耳。謂之無極，正以其無
　　　　有所形狀，以爲在無物之前，而未嘗不立於有物之後。……不言無
　　　　極，則太極同於一物，而不足爲萬物之根，不言太極，則無極淪於
　　　　空寂，而不能爲萬物根。

朱子以無極而太極，係殊名同實，其所以作如上解釋，蓋因朱子以太極爲理，理無形狀，故稱無極。〔註3〕其曰：

　　　　太極非別爲一物，即陰陽而在陰陽，即五行而在五行，即萬物而在
　　　　萬物，只是一個理而已，因其極至，故名太極。（《朱子語類》）

朱子釋太極「只是一個理而已」，將太極僅視爲虛理而非宇宙之根源實體，乃非允當之見。

　　至於張橫渠於其所著《易說》中雖未對太極章句之「太極」直作闡釋，然而於別處有所間接性之解釋，張子於《正蒙・太和篇》中云：

　　　　兩不立，則一不可見，不可見，兩之用息。兩體者，虛實也，動靜
　　　　也，聚散也，清濁也，其究一也。

又於《易說》中云：

　　　　有兩則有一，是太極也，……一物而二體，其太極之謂歟？

於《正蒙・參兩篇》云：

　　　　一物兩體，一故神，兩故化。

於《正蒙・神化篇》則云：

　　　　氣有陰陽，推行有漸爲化，合一不測爲神。

綜合上列引言，復據其基本思想可推知，張橫渠以陰陽二氣作爲一物「兩體」，依二者間「虛實」、「動靜」、「聚散」、「清濁」之關係而交織、絪縕、逐漸化

〔註3〕 以上採用羅光先生所著《儒家形上學》，35～36頁，中華文化出版事業委員會
　　　　出版。

生萬物，然而推究其氣化流行之作用，則一氣而已，太極是也。太極與陰陽之關係爲體用合一之關係，太極爲氣，爲宇宙之第一實體，乃不測之神，含有陰陽，故能起化生萬物之作用，此「一故神，兩故化」，若無太極則陰陽之用息，所謂「一不可見，兩之用息」。是故橫渠認爲太極爲宇宙中化生萬物之最高實體，亦物質，亦精神。〔註4〕

　　船山學宗橫渠，尤神契其精微之義理，透過上述橫渠之觀點，再觀船山對《周易》太極章句之闡述，不難發現其間之關聯性。船山曰：

　　「太」者，極其大而無尚之辭。「極」，至也，語道至此而盡也；其實陰陽之渾合者而已，而不可名之爲陰陽，則但贊其極至而無以加，曰太極。太極者，無有不極也，無有一極也。惟無有一極，則無所不極。故周子又從而贊之曰：「無極而太極」。陰陽之本體，絪縕相得，和同而化，充塞於兩間，此所謂太極也，張子謂之「太和」。中也，和也，誠也，則就人之德言之，其實一也。在易則乾坤竝建，六位交函，而六十四卦之爻象該而存焉。著運其間，而方聽乎圓，圓不失方，交相成以任其摩盪，靜以攝動，無不浹焉。故曰：「《易》有太極」，言易之爲書備有此理也。

　　「兩儀」，太極中所具足之陰陽也。「儀」者，自有其恆度，自成其規範，秩然表見之謂。「兩」者，自各爲一物，森然迥別而不紊。爲氣爲質，爲神爲精，體異矣。爲清爲濁，爲明爲暗，爲生爲殺，用異矣。爲盈爲虛，爲奇爲偶，數異矣。「是生」者，從易而言，以數求象於寂然不動者，感而通焉。自一畫以至於三，自三以至於六，奇偶著陰陽之儀，皆即至足渾淪之乾坤所篤降，有生起之義焉，非太極爲父，兩儀爲子之謂也。陰陽，無始者也，太極非孤立於陰陽之上者也。

　　「四象」，純陰純陽，通之二象也。陰錯陽，陽錯陰，變之二象也。陰陽之種性分，而合同於太極者，以時而爲通爲變，人得而著其象，四者具矣，體之所以互成，用之所以交得。其在於易，則乾一象，〈坤〉一象，震、坎、艮一象，巽、離、兌一象，皆即兩儀所因而生者也。

〔註4〕羅光先生謂：「太極之神性，並不排除物質性，因爲氣分清濁，濁氣和清氣同是由太極所生」，請參閱〈太極、道、第一實有體〉一文，中華學術院，《天主教學術研究所學報》第3期，民國60年10月出版。

四象成而變通往來進退之幾著焉。成乎六子之異撰，與二純而八矣，卦之體所由立也。……乃自一畫以致八卦，自八卦以至六十四卦，極於三百八十四爻，無一非太極之全體，乘時而利用其出入。其為儀、為象、為卦者顯矣。其原於太極至足之和以起變化者密也，非聖人莫能洗心而與者也。（《周易內傳》，卷五，頁31～33）

又曰：

至，則極，無不至，則太極矣。「易有太極」，固有之也，同有之也。太極生兩儀，兩儀生四象，四象生八卦，固有之則生，同有之則俱生矣。故曰「是生」。「是生」者，立於此而生，非待推於彼而生之，則明魄同輪，而源流一水也。是故乾純陽而非無陰，乾有太極也；坤純陰而非無陽，坤有太極也。剝不陽孤，夬不陰虛，姤不陰弱，復不陽寡，無所變而無太極也。卦成於八，往來於六十四，動於三百八十四，之於四千九十六，而皆有太極。策備於五十，用於四十九，揲於七八九六，變於十有八，各盡於百九十六，而皆有太極，故曰：「易有太極」，不謂「太極有易」也。惟易有太極，故太極有易。（《周易外傳》，卷五，頁23）

由上列船山《周易內、外傳》之兩大段引文，可歸納以下數項要點：

（一）由易有太極，是生兩儀，太極能生兩儀，可見太極係實有而非空無。蓋從絕對之「無」不能生有。那麼太極所生之「兩儀」為何？船山謂：「兩儀，太極中所具足之陰陽也。」可見太極為具有內涵之實體，其內涵，一言以蔽之，陰陽之渾合者而已。故船山云：

陰陽者，太極所有之實也。……合之則為太極，分之則謂之陰陽。

不可強同而不相悖害，謂之太和。（《周易內傳》，卷五，頁12）

由是亦可知「太極」一詞，指謂陰陽之渾合體，卻不可名之為「陰陽」，蓋太極生陰陽，為陰陽之本體，由太極而生之陰陽，不可與太極混為一名，太極為陰陽之資始，陰陽之種性各自為一物，自有其恆度，自有其規範，森然迥然而不紊，然而合之則為太極，分之則謂陰陽。然而太極又非孤立於陰陽之上，太極生兩儀之「生」，究為如何？於下節將另有交待。然絕非太極為父，兩儀為子，父子關係之「生」，這點乃為船山所肯定者。總而言之，太極為萬物之生元，於言說之方便或契悟之方式有異。周子贊之為「無極而太極」，張子謂之「太和」，「中」、「誠」、「太虛」，皆係殊名而同實，指向形而上之歸極

——太極是也。

（二）由前論可知太極者，實爲陰陽之渾合者也。陰陽爲化生萬物之氣，而氣載理，理氣相涵，故太極不但含陰陽實有之氣，且亦含陰陽之理，太極乃爲理氣所充凝之最高實體。船山於《張子正蒙注》曰：「合而如實言之，則太極爲理氣之全。」其於《思問錄外篇》亦嘗云：「太極雖靈，而理氣充凝。」

（三）船山釋太極之「太」爲「極其大而無尚之辭」，至於「極」則「至則極，無不至則太極矣」；又云：「太極者，無有不極也」，可見太極無所不極，無處不至，徧及整個空間。又船山云：「太極無端，陰陽無始。」（《周易外傳》，卷七，頁 21）可見太極無時不在，時時皆造化，刻刻皆道也，係不受限於時間者，是故此陰陽之渾合者，徧及時間及空間，無時不在，無處不在，其徧佈於天地之間，無初無終而不可間也，無彼無此而不可破也，自大至細而象皆其象，自一至萬而數皆其數，故空不流，而實不窒，靈不和而頑不遺，無時無處不顯其德能以施用，無所變而無太極，物物皆共同具有，爲實體之普遍內具者。又「極者，至也，語道至此而盡」，可推知此陰陽之渾合者，不待條件而固有之，自生於氣化之中，自生自足而無不生之時，故太極亦爲宇宙之絕對原理。故曰：「易有太極，固有之也，同有之也。」又曰：「道者，天地人物之通理，即所謂太極也。」（《張子正蒙注》，卷一，頁 1）

總之，太極乃自有而有，不受時空限制之宇宙實體。

（四）聖人畫卦作易，係上溯太極之理，以一套卦爻之體系比擬宇宙生成變化之原因與原理。依船山之解釋，兩儀者指陰陽二氣，四象者指「純陰純陽，通之二象」，以及「陰錯陽，陽錯陰，變之二象」，陰陽依其爲氣，爲質、爲神、爲精之體，以其清、濁、明、暗、生、殺之用，爲盈、爲虛、爲奇、爲偶之數，據「通之二象」、「變之二象」相互變通、往來，進退之幾而成乎六子，六子與乾坤合爲八卦。換言之，就整套《易經》之卦爻而言，卦成於八，往來於六十四，動於三百八十四爻，皆太極之全體，乘時而利用，而策備於五十，用於四十九，揲於七八九六，變於十有八，各畫於百九六，亦皆有太極。

由是可知易與太極之道不相爲離，蓋船山依陰陽相連不相離之說，謂六十四卦中各卦皆有十二位數，顯者六，隱者六，六爻之位上若可見者爲陽爻，則必有居隱位之陰，若可見者爲陰爻，則必有居隱位之陽，陰陽相連不離，卦卦皆然，爻爻皆然（其義詳於本章第五節）。而「陰陽者，太極所有之實也。」故

曰：「易有太極」，再者六十四卦係擬配宇宙最高實體之太極而作，不足以全肖宇宙之全，僅能作象徵義，故曰：「易有太極，不謂太極有易也。」

第三節 太極與一陰一陽之道

一、陰 陽

（一）陰陽為太極實有之氣

船山云：

> 太極動而生陽，靜而生陰。（《周易外傳》，卷一，頁2）

又曰：

> 《周易》陰陽二字是說氣。（《讀四書大全說》，卷十）

船山採周濂溪《太極圖說》之講法，謂陰陽係太極之動靜而有，然而船山所謂靜生陰、動生陽者，並非指陰陽本不存有，至太極動靜之際才始有，亦非指太極動時則稱為陽，靜時則稱為陰，蓋陰陽之存有在太極動靜之先，為無始而固有者。船山曰：「陰陽者太極所有之實也」（《周易內傳》，卷五，頁11），「合之則為太極，分之則謂之陰陽」，此處之所謂「動而生陽，靜而生陰」者，意指動者陰陽之動，太極動，則陽之化行，陽之用彰，而非無陰也。靜者意指陰陽之靜，太極靜而陰之體著，然非無陽也。船山云：「周子曰動而生陽，靜而生陰，生者，其功用發見之謂。」〔註5〕此語極為重要，蓋陰陽相倚並存而不離，為一物之二面，有陽則有陰，有陰則有陽，所以陰陽有相互盈虛往來之「隱現」，而無「有無」，有幽明而無生滅。陰陽充盈於天地之中，雖為二物，然其性質，功效有異，不可強同，雖各有其性，卻並育而不相悖害，此之謂「太和」。此陰陽二物所以能生成萬物，成萬事而起萬變者，蓋因其分劑甚密，主持甚定，合同甚和，此係太極理氣之妙用及傑作。是以船山曰：

> 故曰「陰陽無始」，言其有在動靜之先也。陽輕清以健，而恆為動先，乃以動乎陰，而陰亦動。陰重濁以順，非感不動，恆處乎靜。陽既麗乎陰，則陽亦靜。靜而陰之體見焉，非無陽也；動而陽之用章焉，非無陰也。猶噓吸本有清溫之氣，因噓吸而出入也，故可謂之靜生陰，動生陽，而非本無而始生，尤非動之謂陽，靜之謂陰也。合之

則爲太極，分之則謂之陰陽。不可強同而不相悖害，謂之太和，皆以言乎陰陽靜存之體，而動發亦不失也。然陰陽充滿乎兩間，而盈天地之間惟陰陽而已矣。……無有陰而無陽，無有陽而無陰，兩相倚而不離也。隨其隱見，一彼一此之互相往來，雖多寡之不齊，必交待以成也。一形之成，必起一事，一精之用，必載一氣。濁以清而靈，清以濁而定。若經營之，若搏捖之，不見其爲，而巧無以踰，此則分劑之之密，主持之之定，合同之之和也。此太極所以出生萬物，成萬理而起萬事者也。（《周易內傳》，卷五，頁 12）

（二）陰陽與剛柔

船山云：

太極無陰陽之實體，則抑何所運而何所置邪？抑豈止此一物，動靜異而遂判然爲兩邪？夫陰陽之實有二物，明矣！自其氣之沖微而未凝者，則陰陽皆不可見！自其成象成形者言之，則各有成質而不相紊。自其合同而化者，則渾淪於太極之中而爲一；自其清濁、虛實、大小之殊異，則固爲二；就其二而統言其性情功效，則曰剛、曰柔。

（《周易內傳發例》，頁 7）

陰陽爲太極所資以運而動、置而靜之實有之氣，當氣之沖微而未凝成形象時，則陰陽皆不可見，當陰陽凝結成形象時，則陽與陰之間有清濁、虛實、大小之別，各有成質而不相紊，可謂判然爲二物，就其二而統言其性情功效，則名之曰「剛柔」，故剛柔者爲陽陰發用時之性質也。《周易》〈象〉爻之辭所言剛柔，即指陰陽也。故船山又云：

在體曰陰陽，在用曰剛柔。讀《易》之法，隨在而求其指，大率如此。若下章以陰陽屬天，剛柔屬地，又象爻之辭言剛柔而不言陰陽，剛柔即陰陽，其指又別。古人言簡而包括宏深。若必執一爲例，則泥矣！（《周易內傳》，卷六，頁 26）

是故陰陽者，兩儀也；剛柔者，陰陽之分用也。陰陽相倚不相離，則剛者，所依，柔者，剛之所安。〔註6〕故「剛者，陽之質，而剛中非無陰。柔者，陰之質，而柔中非無陽」，〔註7〕「剛極健而柔極順」，〔註8〕「剛任求而柔與」，

〔註6〕《周易內傳》，卷二，頁 1。
〔註7〕《張子正蒙注》卷一，頁 8。中國船山學會，民國 61 年 11 月出版。
〔註8〕《周易外傳》，卷五，頁 4。

〔註9〕剛柔相應則志通而亨，剛柔相濟則道足以孚天下。

（三）陰陽與動靜變化

1. 陰陽與動靜

船山曰：

> 動靜者，陰陽交感之幾也。動者、陰陽之動，靜者、陰陽之靜也。
> 其謂動屬陽，靜屬陰者，以其性之所利而用之所著者言之爾，非動
> 之外無陽之實體，靜之外無陰之實體，因動靜而始有陰陽也，故曰
> 陰陽無始，言其在動靜之先也。（《周易內傳》，卷五，頁12）

陰陽雖非因動靜而始有，卻因動靜而始發現，由動靜之用而彰著兩者判然相
異之性情功能。性情既異，則可交相生感。所謂動靜者，乃指陰陽交感之幾，
《易・繫辭下傳》第五章云：「幾者動之微」，天地間流行不息者，皆陰陽之
化生，而陰陽之化生萬物，係乘陰陽交感之幾微所從生者也。至論陰陽之動
靜，則「動靜者氣之二幾」，〔註10〕不論動或靜，皆係陰陽之動，皆屬陰陽之
靜。靜則陽氣聚而凝於陰，動則陽氣伸而盪陰，〔註11〕而一般將動稱為陽之
特性，將靜指為陰之特性者，乃是「以其性之所利而用之所著」而分言之，
換言之，所以名「陰」曰「陽」者，係就陰陽所顯發之性情功效，亦即其「用
之所著」而言者，實則陽動時亦函陰之體，陰靜時亦函陽之動。既然動靜係
陰陽之動靜，則「陽非無靜，其靜也，動之性不失；陰非無動，其動也，靜
之體自存。」〔註12〕船山以動靜相函之觀點，賦予陰陽活潑之健動性，裨益
於其解釋動態之宇宙觀。

2. 陰陽與變化

《易》云：

> 以動者尚其變。（〈繫辭上傳〉第十章）

船山註曰：

> 「動」，謂行也。「變」，以卦體言，則陰陽之往來消長；以爻象言，
> 則發動之時位也。（《周易內傳》，卷五，頁26）

〔註 9〕 《周易外傳》，卷三，頁19。
〔註10〕 《張子正蒙注》卷一，頁6。
〔註11〕 船山曰：「動靜者即此陰陽之動靜，動則陰變於陽，靜則陽凝於陰。」出處同
　　　　前註。
〔註12〕 《周易內傳》，卷二，頁53。

以卦體而言，指陰爻變成陽爻，或陽爻變成陰爻，亦即陰與陽在六爻之位上彼此相間、來往、消息之關係。以爻象而言，卦象成則當其時位有進退之幾，變者指陽之退也，陽且變而有陰之用。化者指陰之進也，進所宜進，退所宜退，進退得時位之宜則謂「得」，若進而或躁或阻，退而或疑或怯，則進退失時位之宜，此謂之「失」。〔註13〕故陰陽之互相作用以成象者，變化也。其所以能一屈一伸，爲聚爲散，或其所以能或見盈，或見誳，船山將其變動的作用以「鬼神」喻之，「鬼神」一詞乃用以贊天地之所以行其生生之大用而妙於不測者，〔註14〕故曰：「神者，道之妙萬物者也。……其動靜無端，莫之爲而爲者，神也」，〔註15〕「鬼神者，二氣不已之良能，爲屈爲伸之用」。〔註16〕

二、一陰一陽之道

《易》云：

一陰一陽之謂道。（《易・繫辭上傳》第五章）

船山註曰：

「一陰一陽之謂道」，推性之所自出而言之。「道」謂天道也。「陰陽」者，太極所有之實也。（《周易內傳》，卷五，頁11）

又曰：

《易》固曰：「一陰一陽之謂道」。一之一之云者，蓋以言夫主持而分劑之也。……是以道得一之一之而爲之分劑也，乃其必有爲之分劑者：陽躁以廉，往有餘而來不足；陰重以嗇，來恆疾而往恆遲，則任數之固然而各有竭。陽易遷而奠之使居，陰喜滯而運之使化，遷於其地而抑弗能良。故道也者，有時而任其性，有時而弼其情，有時而盡其才，有時而節其氣，有所宜陽則登陽，有所宜陰則進陰。（《周易外傳》，卷五，頁12）

一陰一陽乃太極所具實有之氣，陰陽雖渾合爲一太極，然而當太極動靜顯發陰陽之用時，則陰陽有互爲對待之性質功效，二者性質雖異，但是卻能並存而不相悖害。陰陽和同而化生萬物，成萬理而起萬事者，蓋繫因於道據陰陽

〔註13〕《周易內傳》，卷五，頁67。
〔註14〕《周易內傳》，卷五，頁23。
〔註15〕《周易內傳》，卷五，頁15。
〔註16〕《周易內傳》，卷五，頁10。

之性情，因乎時宜而予以分劑之之密，主持之之定，合同之之和所使然，所謂「一之一之者」乃屬動詞，即指道「主持而分劑之」之作用也。船山嘗云：「《周易》陰陽二字是說氣，著兩『一』字方是說化，故朱子曰：一陰而又一陽，一陽而又一陰者，氣之化也。由氣之化而有道之名。」〔註17〕所謂「道」當指陰陽在主持分劑下所化生萬物之方向與歷程也。然依個人蠡測，船山在此所謂之「道」並非陰陽之外別有一物，實即亦函陰陽本身於化生萬物時所具相互制約之作用也。蓋船山嘗云：「夫天地之化機，陰資陽以榮，陽得陰為實，於相與竝行之中，即有相制之用。」〔註18〕船山釋此主持而分劑之道為「天道」。是故道非超然立於陰陽之外而主持分劑之，實則一陰一陽妙化之條理，私而不爭之德，不假外求，而係與生具有，隨器皆備者，所謂「一之一之」者與體挾，與流行俱，即行其中而即為之主，故於陰於陽，於陰陽之乘時，於陰陽之定位，道皆俱在。若道不行，則陰陽廢，陰陽不具而道亦亡。

故道與陰陽無須臾之離也。道與陰陽交與為體，道為天地精粹之用，一陰一陽化生之道為萬物所共由而生之大道。道與陰陽盈佈於天地之間，無所不在，與天地並行，大道而未有先後，道乃不受空間與時間之限制者，故船山云：

> 道者，物所眾著而共由者也。物之所著，惟其有可見之實也，物之所由，惟其有可循之恆也。既盈兩間而無不可見，盈兩間而無不可循，故盈兩間皆道也。可見者其象也，可循者其形也，出乎象，入乎形，出乎形，入乎象。兩間皆形象，則兩間皆陰陽也。兩間皆陰陽，兩間皆道。（《周易外傳》，卷五，頁12）

又曰：

> 天、地、人，三始者也，無有天而無地，無有天地而無人，無有道而無天地。道以陰陽為體，陰陽以道為體，交與為體，終無有虛懸孤致之道，故曰：「無極而太極」，則亦太極而無極矣。（《周易外傳》，卷三，頁1）

〈繫辭上傳〉第五章云：「一陰一陽之謂道」，陰陽交感而化生宇宙萬物，萬物係由一陰一陽交感之化生大道上所從出，是故「道者，物所眾著而共由」。再者，由一陰一陽化生之道所生成之繁賾萬品，有物有則，物物皆內具其德

〔註17〕《周易內傳》，卷四，頁10。
〔註18〕《周易內傳》，卷四，頁12。

性效能，當其內隱之德性效能顯發於用時，則有可循之方向，可依之當然法則，例如：孝爲子事父所當循之道，慈愛爲母愛子所顯發之道，此種可循之當然法則，有其一定之方向，和發展之軌道，稱之爲「道」，而陰陽之化生萬物，不但其本身有其時，有其紀，就其所化生之萬物，亦各具有所當循之法則，是以道不受時空限制，由天道而言，則內在於陰陽，於萬物而言，則物物皆內具其所當循之道，是以道之於萬物，則有事物所循以爲當然法則之法則義，猶如事物生成變化所當行之途徑，是故船山云：

> 五行萬物之融結流止、飛潛動植，各自乘其條理而不妄，則物有物之道，人有人之道，鬼神有鬼神之道，而知之必明，處之必當，皆循此以爲當然之則，於此言之則謂之道。（《張子正蒙注》，卷一，頁 11）

又云：

> 太極動而生陽，靜而生陰，動靜各有其時，一動一靜，各有其紀，如是者乃謂之道。（《周易外傳》，卷一，頁 2）

三、實有健動之宇宙觀

（一）實有之宇宙

由前之論述，吾人得知太極爲無時不在，無處不在之最高實體，陰陽爲太極所含具之實體，太極陰陽係理氣合一之實體，太極以陰陽爲用，陰陽以太極爲體，由太極之動靜而使陰陽之性情功效得以發用，由太極主持之之「定」，分劑之之「密」，合同之之「和」，而化生萬物，成萬物而起萬事也。

船山曰：「明有所以爲明，幽有所以爲幽。幽者，耳目見聞之力窮，而非理氣之本無也。」〔註19〕又云：「兩間之見爲空虛者，人目力窮乎微渺而覺其虛耳。其實則絪縕之和氣，充塞而無間。」〔註20〕

船山心儀橫渠，深受橫渠宇宙爲實有之氣之思想所影響，故肯定客觀之現實世界實有而不虛妄，其心中之宇宙論亦係實有之宇宙。

（二）健動之宇宙

船山云：

> 純〈乾〉之爲元，以大和清剛之氣，動而不息，無大不屆，無小

〔註19〕《思問錄‧外篇》，第六。中國船山學會，民國 61 年 11 月出版。
〔註20〕《周易內傳》，卷四，頁 8。

不察，入乎地中，出乎地上，發起生化之理，肇乎形，成乎性，以興起有爲而見乎德，則凡物之本、事之始，皆此以倡先而起用，故其大莫與倫也。木、火、水、金、川融、山結、靈、蠢、動、植，皆天至健之氣以爲資而肇始。乃至人所成能，信、義、智、勇，禮、樂、刑、政，以成典物者，皆純乾之德。（《周易內傳》，卷一，頁6）

又云：

其所以順者，靜而不廢動之誠，則動可忽生，而不昧其幾也。坤之爲德，純乎虛靜。虛者私意不生，靜者私欲不亂，故虛而含實、靜而善動之理存焉，虛靜以聽陽之時起而建功。（《周易內傳》，卷二，頁11）

船山以《易》卦之乾坤代表陰陽之德能，所謂「陰陽其材也，乾坤其德也」，〔註21〕由是所推乾坤與太極之關係則曰：「乾坤之合撰爲太極」。〔註22〕

其解釋「坤」之德屬虛靜而順；坤所以能與乾合作而建妙生萬物之功，蓋因其靜而不廢動之誠，而善動之理是以存焉，故雖靜而復能生動，若主靜廢動則止息矣，猶死也而不復生動。至於乾所以能無大不屈，無小不察，萬物萬事所以能資爲肇始之元，乃至人之生、人之能創發道德事物，皆係乾元剛健不息之動。船山倡「主健動」之哲學，宇宙萬物皆由不息之動中化生。

船山云：

太極動而生陽，動之動也；靜而生陰，動之靜也。廢然無動而靜，陰惡從生哉！一動一靜，闔闢之謂也。由闔而闢，由闢而闔，皆動也。廢然之靜，則是息矣！「至誠無息」，況天地乎？「維天之命，於穆不已」，何靜之有！（《思問錄・內篇》第三）

蓋船山認爲動而無靜之體，非善動也。靜而無動之理，亦非善靜者也。動與靜係相需且相函。所謂：

動靜相函，如晝夜異時而天運不息，晝必可夜，夜必可晝也。（《周易內傳》，卷五，頁11）

動靜能相需相函，方能如晝必可夜，夜必可晝，如是，保持天運之不息而善動不已。由「健動」表現出天地間雄勁之化育工化。由「健動」之觀點，呈現宇

〔註21〕《周易外傳》，卷一，頁1。
〔註22〕《周易外傳》，卷五，頁5。

宙之生機浩浩不息，表現生命蓬勃之活力，及天地間無窮無盡之變化機趣。是故，船山據健動而實有之宇宙觀立場，將《周易》解釋爲生生不息之宇宙觀，蓋宇宙爲健動不已者，而「動靜互函，爲萬變之宗」，〔註23〕故船山云：

> 天下日動而君子日生，天下日生而君子日動。動者，道之樞，德之牖也。易以之與天地均其觀，與日月均其明，而君子以與易均其功業。故曰「天地之大德曰生」。(《周易外傳》，卷六，頁2)

是以，天地所以有大生之德，蓋天地生於一陰一陽之道，而「道無有不生之德」，〔註24〕動爲道之樞，德之牖，因此船山在《周易外傳·繫辭下》第五章有「太虛本動」之說：

> 太虛者，本動者也。動以入動，不息不滯。其來也，因而合之。……其往也，渾淪而時合；其來也，因器而分施。其往也，无形无已，而流以不遷；其來也，有受有充，而因之皆備。摶造无心，勢不能各保其故，然亦无待其固然而後可以生也。(《周易外傳》，卷六，頁8～9)

天地之間，雖廣大無涯，而其始終亦不息矣！作爲宇宙間萬事萬物之本源之太虛，由於不息不滯於往來運動者，是以產生「有受有充」而因之盈然皆備，成爲恆保太和之宇宙萬物。以太極而言，即前所謂之「太極動而生陽，動之動也。靜而生陰，動之靜也。……一動一靜，闔闢之謂也。由闔而闢，由闢而闔，是動也」，太極由闢而闔，由闔而闢，如是生發陰陽之大用，陽實而闢，陰虛而闔，〔註25〕闢有闔，闔有闢，闢則陽得以交陰而成其廣生，闔則陰得以交陽而相其大生，往不窮來，來不窮往，故往來不窮。往來闔闢不絕于宇宙，此百昌之所以可日榮而不匱也。是以若「貞一之體不喪，則清剛和順之德不息於兩間」。〔註26〕如此由日月星辰，山河大地，飛潛動植，乃至人類，無不處於「變化日新」之過程中。船山受橫渠以氣之聚散來解釋生滅之影響，〔註27〕於解釋《易·繫辭上傳》第四章：「原始反終，故知生死」之處云：

> 易言往來，不言生滅，「原」與「反」之義著矣！以此知人物之生，

〔註23〕《周易外傳》，卷四，頁4。

〔註24〕《周易外傳》，卷四，頁7。

〔註25〕同前，卷六，頁8。

〔註26〕《周易內傳》，卷六，頁10。

〔註27〕張載於《正蒙·太和篇》嘗云：「太虛不能無氣，氣不能不聚而爲萬物，萬物不能不散而爲太虛」，又曰：「聚亦吾體，去散亦吾體」。

一原於二氣至足之化；其死也，反於絪縕之和，以待時而復，特變
不測而不仍其故爾。生非創有，而死非消滅，陰陽自然之理也。（《周
易內傳》，卷五，頁9）

又曰：

陰陽之盈虛往來，有變易而無生滅，有幽明而無有無。（《周易內傳》，
卷五，頁35）

其於《外傳》亦有言：

有往來而無死生。往者屈也，來者伸也，則有屈伸而無增減。屈者
固有其屈以求伸，豈消滅而必無之謂哉？（《周易外傳》，卷六，頁
14）

生殺互養，則可知死亦生之大造。蓋無殺則生不繼，生者道之生，
而殺者亦道之殺也。（《周易外傳》，卷二，頁20）

「死亡」對常人而言，係有機生命之喪失，船山對「死亡」之解釋，殊難令
人滿意，其所以衍生如此解釋者，係受其生態、動態之宇宙觀所限，蓋船山
之宇宙觀中，有往來、盈虛、幽明、盛衰，而無生滅、有無、死亡。往來者，
日新也，而日新者，無時不生之謂也。實有而健動之宇宙中，生生不息，氣
化日新，從而形成一種生態、動態、無始無終之宇宙，亦即恆為生動蓬勃之
有機宇宙。船山認為宇宙所以能有生生不息之變化歷程，其目的因在於一陰
一陽之道無不生之德。天地生於道，而天地有大生之德，在大生、廣生之下，
盈天地之間，皆繁然富有且和諧並育之萬物。天地之德不易，則天地之化亦
日新。船山曰：

天地之大德曰生，天地生於道，物必肖其所生，是道無有不生之德。
（《周易外傳》，卷四，頁7）

天地之德不易，而天地之化日新。今日之風雷非昨日之風雷，是以
知今日之日月非昨日之日月也。風同氣、雷同聲、月同魄、日同明，
一也。……其屈而消，即鬼也；伸而息，則神也。神則生，鬼則死。
消之也速而息不給于相繼，則夭而死。守其故物而不能日新，雖其
未消，亦槁而死。不能待其消之已盡而已死，則未消者槁。故曰「日
新之謂盛德」。（《思問錄·外篇》，第六）

「今日之日月非昨日之日月」，若以今日之科學知識察焉，猶有可信之理，
其所以引風雷、日月之例，旨在說明其宇宙觀為氣化日新，恆健動而生生之

宇宙觀，其認為《易經》之作亦在於變化萬千之物象世界中探究「變動」。
〔註 28〕船山依據《周易》而作研究，發現萬物流轉刹那不停之宇宙，所以
能源源不絕於變化多端，催生萬物，係因有陰有陽之故。而夫易所以能廣大
配天地，變通配四時，亦係因「夫廣大者，陰陽之用也，變通者，陰陽之別
也」。〔註29〕故船山云：

> 備乎兩間者，莫大乎陰陽，故能載道而為之體。以用則無疆，以質
> 則不易，以制則有則而善遷。天之運也，地之游也，日月之行也，
> 寒暑氣候之節也，莫不各因其情以為量，出入相互，往來相遇。（《周
> 易外傳》，卷五，頁 16）

吾人所當注意於陰陽者乃「有則而善遷」，換言之，陰陽所以能運天、游地、
節寒暑氣候，是因其善於變遷，而其所以能善變，係因其「有則」，也就是宇
宙變動之歷程中有其客觀規律。因此吾人研究《周易》，其價值之一，亦在於
理解陰陽相互摩盪之道理，尋出萬物變化之內在根源，挖掘出物變之法則。
依吾人之觀察，船山在《周易內、外傳》之解釋中，確曾表述其對事物運動
之一般法則，茲略述如下：

1. 變通律

　　《周易》有言：「易，窮則變，變則通，通則久。」（〈繫辭下傳〉第二章）
由於船山著重現實世界之變易和發展，基於其主「動」之哲學觀點，而將此
一《周易》名言改易為：「酌其盈虛，變必通，窮必變。」〔註30〕由是而得一
公例「變→通→變」，蓋《周易》頗強調「時中」之原則，是以特別注重變通
之精神，例如：「變而通之以盡利」（〈繫辭上傳〉十二章），「變通者，趣時者
也」（〈繫辭下傳〉第一章）。「變通」一詞於《周易》中，尤其是〈繫辭大傳〉
裏，頻頻出現，故吾人將船山「變必通，窮必變」之法則，暫以「變通律」
稱之。

　　茲將船山所賦予「變通」一詞之意義分釋於下。船山曰：

> 生者外生，成者內成，外生變而生彼，內成通而自成。故冬以生溫
> 於寒，夏以生涼於暑，夏以成溫而暑，冬以成涼而寒。（《周易外傳》，

〔註28〕船山《周易內傳》一卷首頁曰：「體三才之道，推性命之源，極物理人事之變，
　　　　以明得失吉凶之故，而《易》作焉。」所謂「極物理人事之變」就是對整個
　　　　宇宙之變動，在基本上作一研究。
〔註29〕《周易外傳》，卷五，頁 15。
〔註30〕《周易外傳》，卷五，頁 16。

卷五，頁 15）

船山所引「冬以生溫於寒，夏以生涼於暑」之例，雖隱晦難解，然吾人試推其語意，則由「生者外生」、「外生變而生彼」可測知「變」係指由物變而成為另一物之過程，如冬以生溫於寒，夏以生涼於暑，船山名之以「外生」。「通」係指同一主體之自我發展，於保持主體同一性，而成全自體之情況下，由弱漸強，由小漸大之歷程。例如：夏以成溫而為炎暑，冬以成涼而為酷寒。船山名之為「內成」。「變通」合稱為一詞，則意指陰陽於一闔一闢，往來不窮之交感中，相互約制。船山曰：「變通者陰陽之制也」，〔註 31〕蓋以「制」則「有則而善遷」，天之運，地之游，日月之行，寒暑氣候之節，皆依陰陽之相制，各因其情以為量，按某種規律靈活變遷，而相互出入往來。〔註 32〕

　　至於「酌其盈虛，變必通，窮必變」一語，船山雖未進一步以明文闡釋，然而吾人依其健動而生生之宇宙論觀點予推測，當指徧佈宇宙中有變易而無生滅之陰陽，相互盈虛往來，妙生萬物不已，使萬物在氣化之歷程中有「變」，由是則必有「通」與之交互運用，使萬物於將窮之際必「變」而接續之，如此而構成一健動而生生相繼之活潑宇宙。

2. 對待調和律

　　船山於《周易外傳・說卦傳》嘗云：「陰陽不孤行於天地之間。」（卷七，頁 9）又云：「陰陽者恆通，而未必共相薄，薄者其不常矣。」（同上，頁 3）蓋船山認為在一陽一陰所絪縕之宇宙中，事物之內部，及不同事物間皆函有一方面相聯不離，另方面又具有性情效能相對待而相互調和之運動，以《周易》之語詞言之，乃是陽陰、剛柔、健順、往來、盈虛、闔闢之消息、動靜、進退，《周易》將此種對待而調和之關係，以乾坤之概念表示之，乾坤依其一陰一陽，一剛一柔，一健一順之德能，在相互制約、相互推動之下相反相成，而生繁賾皆備之富有世界，演成生生不已之動態宇宙，造成萬物和諧共流之境界，推究其中原理，可發現一法則，吾人暫名之為「對待調和律」。茲試由「反者有不反者存」、「萬物睽而其事類也」、「以和順斥截然分析而必相對待」、「對待往來而和順於一」四者予以說明「對待調和律」。

　　（甲）反者有不反者存

　　「兩一」學說，橫渠在《正蒙》一書中有極豐富之發揮。橫渠言「兩不

〔註31〕《周易外傳》，卷五，頁 15。
〔註32〕《周易外傳》，卷五，頁 16。

立則一不可見；一不可見，則兩之用息。」〔註33〕唐君毅先生嘗謂：「吾人於橫渠之言凡有兩處，只知其一……固不足以知橫渠，而不知其言中，凡義有兩處，亦皆用兩以見為兩者之不二而為一，亦不足以知橫渠也。……此即橫渠之學所以難論。」〔註34〕船山好橫渠之學，註橫渠《正蒙》一書，增益其解釋《易經》之啟發，吾人觀《張子正蒙注》，與《周易內傳》及《周易外傳》可知三者在思想上有極密切之關聯，亦可知船山《易》學受張橫渠之影響不淺。船山依橫渠「兩一」學說而作進一步發展，把握「相反相成」之宇宙生成法則，用之解釋《周易》頗為生動，於相稱之情況，吾人亦可謂：「於船山之言，凡有兩處只知其一固不足以知船山。而不知其言中，凡義有兩處，亦皆用兩以見為二者之不二而為一，亦不足以知船山也。」船山曰：「道各相反以相成。」（《周易外傳》，卷三，頁8）又曰：

> 反者有不反者存，而非極重難回以孤行於一逞矣！反者，疑乎其不相均也，疑乎其不相濟也。不相濟，則難乎其一揆；不相均，則難乎其兩行。其唯君子乎！知其源同之無殊流，聲叶之有眾響也，故樂觀而利用之，以起主持分劑之大用。……。規於一致而昧於兩行者，庸人也。乘乎兩行而執於一致者，妄人也。（《周易外傳》，卷七，頁23）

反者有不反者存，故陰與陽，乾與坤，剛與柔等等……，其性質效用雖相異，然而皆相依而不相離。雖對待卻統於一，相協於一，蓋「道則一而已矣。一者，保合和同而秩然相節者也。……功效散著於多而協於一，則又終合於道而以始，是故始於一，中於萬，終於一。」（《周易外傳》，卷四，頁20～21）故現象界中凡物雖兩兩對待，卻相需以致功，相反以相成，保合和同，秩然相節，萬化終協於一，不明此理者，有見於「反者」則疑其「不相均」或「不相濟」，或有見於一面而昧於兩行，或乘乎兩而執泥於一致者，則非「庸人」即「妄人」也。有智慧之君子，居整體宇宙之至高處，俯觀處於時間、空間變化流中之萬物，不但明察兩兩相對待之事物，彼此相均、相濟，統於一、協於一，共造和諧並育之世界，且能樂觀其反以利用之，而以仁存心，順道之流行而不憂不懼，贊天地之化育，使萬有群品在變化萬千中各得其位，各遂其生，而促成一並育而不相害之和諧善美天地。船山不僅道出事物對待之統一性，更著重於事物「相反而固會其通」之原理，認為事物雖對立，卻具

〔註33〕《張子正蒙注》，卷一〈太和篇〉，頁12。
〔註34〕語出唐君毅《中國哲學原論‧原教篇》，第77～78頁，民國64年1月出版。

有相濟、相通之「對立調和」性，此實屬難能可貴之見解。

（乙）萬物睽而其事類也

《易・睽卦・象傳》云：

> 天地睽而其事同也，男女睽而其志通也，萬物睽而其事類也，睽之
> 時用大矣哉！

船山註曰：

> 推言睽之爲道，若乖而不適於用，而善用之，則天地之化、人物之
> 情理，皆可因異而得同。因其時，善其用，亦大矣哉？……「天地
> 睽」，清濁異也。「男女睽」，剛柔異也。「萬物睽」，情形異也。「事
> 同」，謂變化生成之事。「事類」，謂相聚以成一類之用。（《周易内傳》，
> 卷三，頁 23）

「睽」者，若乖異而不適於用，例如天地之性情有清濁之異，男女之性質有
剛柔之異，萬物皆由陰陽妙生而成，而陰陽發用時之性情相對待，因此萬物
之諸般情形亦若對待而有異，然而將一切對立物統一而用之，則「天地之化，
人物之情理，皆可因異而得同」，即皆能對立而統一，以成一類之用，所謂「道
各相反以相成」。以卦畫言之，前章船山所云：「錯綜合一爲象」，則屯蒙等上
下互相對立以成一象之二十八組「綜」卦，及乾坤等並行對立之四組「錯」
卦，皆係對立而統於一之明證。例如屯卦與蒙卦，既濟卦與未濟卦係對立而
統一以成象之綜卦：

再者依八卦所象徵之天與地、水與火、風與雷、山與澤而言，卦畫與性情
雖然處於對待之立場，但是亦係對立而統於一，協於一，以生大用者。換言之，
彼此互相交感，而在統一之形態下化生萬物，如此宇宙萬象乃有流變發展之可
能，是故宇宙萬象係處於無限對待，而又無限統一。〔註35〕是以，《周易》・說
卦傳》曰：「水火相逮，風雷不相悖，山澤通風，然後能變化，既成萬物也。」

〔註35〕此處請參考何行之〈易傳與道德經中所見之辯證法的思想〉，《易學討論集》，
　　　139～142 頁，眞善美出版社，民國 55 年 5 月版。

（丙）以和順斥「截然分析」而必相對待

前曾論及船山之宇宙觀為一健動而生生相續之動態宇宙，萬物流變於氣化日新綿綿不絕之歷程中，猶「逝者如斯，不舍晝夜」之川流，不可截然割裂而畫分成僵硬之對立物，船山於《周易外傳》有一段精闢之論，即以和順斥「截然分析」而必相對待。船山曰：

> 天地有截然分析而必相對待之物乎？求之於天地，无有此也；求之於萬物，无有此也；反而求之於心，抑未諗其必然也。故以此深疑邵子之言《易》也。陰陽者二儀也，剛柔者分用也。八卦相錯，五十六卦錯綜相值，若是者，可謂之截然而分析矣乎？……君臣有義，用愛則私，而忠臣愛溢於羹牆；父子有恩，用敬則疏，而孝子禮嚴於配帝。其道不可得而歧也。故麥秋於夏，螢旦其昏，一陰陽之无門也。金煬則液，水凍則堅，一剛柔之无畛也。齒髮不知其暗衰，爪甲不知其漸長，一老少之无時也。雲有時而不雨，虹有時而不晴，一往來之无法也。截然分析而必相對待者，天地无有也，萬物无有也。（《周易外傳》，卷七，頁1～2）

船山以六十四卦靈活之錯綜變化，以「位」定天尊地卑，以「時」殊進退存亡，以「幾」判是非善惡，因事之宜而立綱陳常，以反對邵康節所營自然排比、乘除增減不可推移、截然分析而必相對待之方圓圖，蓋神無方而易無體，陰陽無門，剛柔無畛，老少無時，陰晴寒暑於至盛之中早有互動之幾，密運推移以損此之有餘，益彼之不足，天地人物事宜之妙化與時偕行而成大用，不可截然而分析也。船山於《周易內傳》亦云：

> 以天化言之，寒暑之變有定矣，而由寒之暑，由暑之寒，風雨陰晴，遞變其間，非日日漸寒，日日漸暑，刻期不爽也。以人物言之，少老之變有定矣，而修短無期，衰旺無恆，其間血氣之消長，非王之中無偶衰，衰之後不再王，漸王漸衰，以趨於消滅，可刻期而數也。
> （《周易內傳》，卷六，頁18）

健動不已之宇宙，萬變流轉形成一浩浩長流，在此一連續之歷程中，吾人實難截然刻定一精密之時間表以立一分界線，謂此線之前為寒、少，此線之後為暑、老，蓋天地以和順命萬物，而萬物以和順承天之命而為性，一陰陽之所以能繼善成性，一於和順之理也。船山云：

> 天地以和順而為命，萬物以和順而為性。繼之者善，和順故善也。

成之者性，和順斯成矣。夫陰陽者呼吸也，剛柔者燥濕也。呼之必
有吸，吸之必有呼，統一氣而互爲息，相因而非反也。以燥合燥者
裂而不得剛，以濕合濕者，流而不得柔，統二用而聽乎調，相承而
無不可通也。呼而不吸，則不成乎呼；吸而不呼，則不成乎吸。燥
之而剛，而非不可濕；濕之而柔，而非不可燥。合呼吸於一息，調
燥濕於一宜，則既一也。分呼分吸，不分以氣；分燥分濕，不分以
體，亦未嘗不一也。是故易以陰陽爲卦之儀；而觀變者周流而不可
爲典要；以剛柔爲爻之撰，而發揮者相雜而於以成文，皆和順之謂
也。(《周易外傳》，卷七，頁 2)

妙生萬物之一陰一陽，猶呼吸也。呼吸爲一物之二面，有呼則必有吸，有吸
則必有呼，呼吸雖對待，卻和順統合爲一息，相因相成；非相反相剋也。陰
陽雖分而有對待之性情效能，然可和順渾合爲一太極，而代表陰陽之性情效
能之剛柔，則猶燥與濕，若用燥而廢濕則裂而不得剛，若用濕而廢燥則流而
不得柔，統燥濕之二用而以和順調稱之，則可相通爲一宜，基於此種對待而
統於一，和順於一之原理，是故作易者以陰陽爲卦之兩儀，以剛柔爲爻之撰，
依對待而統一之和順原理衍生一套模擬天道變化之《易經》。故妙生萬物之陰
陽不可如斧之析薪，已分而不可合。

船山曰：

「一陰一陽之謂道」，不可云二也。自其合則一，自其分則多寡隨乎
時位，繁頤細密而不可破，纍纍而不窮，天下之數不足以紀之。參
差衰益，莫知其畛，乃見一陰一陽之云，遂判然分而爲二，隨而倍
之，瓜分縷析，謂皆有成數之不易，將無執歟！(《思問錄·內篇》)

是故船山評邵子專由數術之觀點研究《易經》，營方圓圖說，使萬物截然分析
而限於必相對待之位，墮入典要之論，不符合《周易·繫辭傳》「陰陽不測之
謂神」之要旨，以致於分崩離析，而喪失大易和順之情。由是可推知船山強
調和順之理頗能符合《周易·繫辭傳》所云：

《易》之爲書也，不可遠。爲道也屢遷，變動不居，周流六虛，上
下無常，剛柔相易，不可爲典要，唯變所適。(〈繫辭下傳〉第八章)
範圍天地之化而不過，曲成萬物而不遺，通乎晝夜之道而知，故神
無方而易無體。(〈繫辭上傳〉第四章)

此兩語精要道出《易經》全書所表現之性格。

（丁）對待往來而和順於一

《易》云：

> 日往則月來，月往則日來，日月相推而明生焉。寒往則暑來，暑往則寒來，寒暑相推而歲成焉。往者屈也，來者信也，屈信相感，而利生焉。（《周易·繫辭下傳》第五章）

船山註曰：

> 「推」者，迭運而相承之謂。「日月相推」者，月惟於日往入地之時而來，則明生；若並行於天，則失其明。「歲成」謂生成之歲功以登也。「屈信」以指喻，同此一體，特用異爾。「屈信相感」者，達於屈信之理，而感其心以不凝滯於往來之迹，而於屈存信、於信存屈也。「利生」者，信亦利，屈亦利，無所不合於義也。此夫子博觀於天地人物之化、生死得喪之常，而見一理之循環，⋯⋯往者非果往也，屈而已矣。來者非終來也，信而已矣。故死此生彼，非有區畫之報，而歸於大化之絪縕。善吾生者所以善吾死，屈則鬼而信則神，聽其往來之自致，而貞一之體不喪，則清剛和順之德不息於兩間，形神聚散，交無所亂矣！（《周易內傳》，卷六，頁 10）

茲將船山這段話分析其要點，分別予以探討：

（一）船山嘗云：「擬《易》以所配，其義精矣，非密審其理者未易晰也。」〔註 36〕《周易》能以日月擬配陰陽，頗有譬喻至當之妙。日與月、寒與暑為相對待者，而相對待者其相互運動之為「往來」，由日月迭運而相承之往來運動產生「明」之利，寒暑迭運而相承之往來運動成就「歲」之利。

（二）由於「往者、屈也；來者、信也」，而船山認為「屈信」者係自然之理勢，不能屈則不能信，〔註 37〕屈信乃一物之二面，即同一體而用有異而已，猶陰陽渾合為一太極，發用時則分而為二。往來者、屈信也，故往來亦係一物之二面。又屈信者於屈存信、於信存屈，屈信相連不相離，猶陰陽相連不相離也，故往來亦相連不相離。有往則有來，有來則有往。前曾述及「太極由闢而闔，由闔而闢，以生發陰陽之大用，陽實而闔，陰虛而闢」，天地之間流行不息者皆其生焉，自虛而實往，乃天地大生之德也。一往一來，有往

〔註 36〕《周易外傳》，卷五，頁 15。
〔註 37〕請參閱《周易內傳》，卷六，頁 10～11。

則有來，猶如一呼一吸，〔註38〕有呼則有吸，往來相乘而迭用，乃夫子觀萬物生成變化所常見到之「一理之循環」，陰變陽合所以能交感以成天下之亹亹者，即存乎陰與陽交互往來之大用。

（三）然而何以有往則有來？蓋〈繫辭傳〉云：「天下之動貞夫一者也。」（〈繫辭下傳〉第一章）陰陽二氣絪縕，迭相摩盪，一彼一此之互相往來，皆貞於一也。一者乃太極也。陰陽同函於太極之中，莫不貞於太極之主持分劑，換言之，陰陽交互往來於一陰一陽之道之主持分劑中，陰陽之性情效能雖相互對待，然其動皆協於善，不論往者一時，來者一時，或同往同來者一時，異往異來者一時，「時亟變而道皆常，變而不失其常，而後大常貞，終古協於一」。〔註39〕常一而變萬，其一者，善也、和順也。陰陽在對待之往來運動中，道之主持分劑裏，善之點化下，統合於一。此即總體一太極之和順，《易》·乾卦贊之爲「保育太和」之太和，與《中庸》：「和也者，天下之達道也」（第一章）可相互發明。

第四節　以「乾坤並建」釋《周易》生生之宇宙觀及卦爻構成法

船山以「道各相反相成」之對待調和律闡釋《周易》，其嘗試以陰陽與太極，二而一，一而二之體用關係，及陰陽對待往來之法則說明《周易》「生生不息，創進不已」之宇宙生成變化論，且認爲孔子學易，旨在明萬物所資始、資生之乾坤，以及由剛柔、八卦之變化所衍生之諸般宇宙現象。〔註40〕船山以其獨特之「乾坤並建」說，解釋《周易》中宇宙之生成論，而以乾坤並建所立之「陰陽十二位數」說明《周易》由剛柔相推而生之變化論，爲言說之便，茲依此二部分分別探討之。

一、乾坤並建說

（一）乾坤並建義

〔註38〕《周易外傳》，卷六，頁 7。
〔註39〕《周易外傳》，卷七，頁 22。
〔註40〕船山云：「〈乾〉知大始，〈坤〉作成物，是故剛柔相摩，八卦相盪，夫子久學《易》，學此者也。」《周易外傳》，卷五，頁 6。

由前論已知太極爲理、氣具涵之宇宙最高實體，太極在其自身之動靜變化中，顯發陰陽兩元氣之妙用，陰陽二元氣氤氳於天地間，融結於萬彙中，其所發用之性情效能雖相對待而有異，然而二者間既不相離，亦不相勝，陰非陽無以始，而陽據陰之材以生成萬物，故伏羲氏於二儀交合以發用成能中，以乾卦象徵純陽之撰，以坤卦象徵純陰之撰，乾、坤之撰無所不有，因時以著，船山以太極爲乾、坤之合撰，陰陽之渾合，基於船山即用顯體之思想，則陰陽必有乾坤之顯用，船山曰：「易之云乾，云其致用者而已。」，〔註 41〕陰陽交合以成用，乃可言易有太極，船山認爲《周易》乾坤並建而統六十二卦之變通。其曰：

> 《周易》並建乾坤爲諸卦之統宗，不孤立也。然陽有獨運之神，陰有
> 自立之體，天入地中，地函天化，而抑各效其功能。故伏羲氏於二儀
> 交合以成能之中，摘出其陽之成象者，以爲六畫之乾，而文王因繫之
> 辭，謂道之「元亨利貞」者，皆此純陽之撰也；摘出其陰之成形者，
> 以爲六畫之坤，而文王因繫之辭，謂道有「元亨利牝馬之貞」者，唯
> 此純陰之撰也；爲各著其性情功效焉。(《周易內傳》，卷一，頁 19)

若以全易六十四卦而言，乾坤並建以爲易卦之體，而其餘六十二卦皆其用，乾坤並建意謂著《易》並建乾坤以統卦爻，所謂：「易者，互相推移以摩盪之謂，《周易》之書，乾坤並建以爲首，易之體也；六十二卦錯綜乎三十四象而交列焉，易之用也。純乾純坤未有易也，而相峙以並立，則易之道在而立乎至足者爲易之資。」(《周易內傳》卷一，頁 1) 乾坤何以在卦爻關係上爲《易》卦之統宗，文後另容解釋，在此所要強調者，乾坤爲《易》卦之體，乾坤爲太極於動靜變化中所顯發之陽與陰之德能，乾坤猶一物之二面，如呼吸、雷電然，乾坤象徵天地，〔註 42〕《周易》並建乾坤于首，無先無後，天地係一成之象，則無「有天而無地」之時，亦無「有地而無天」之日，陰陽相含攝、相調和，無有陰缺陽，或陽缺陰之氣，則乾坤亦無「有乾而無坤」，或「有坤而無乾」之道，此亦乾坤並建之義，故船山曰：

> 乾坤並建於上，時無先後，權無主輔，猶呼吸也，猶雷電也，猶兩
> 目視，兩耳聽，見聞同覺也。故無「有天而無地」，無「有天地而無

〔註 41〕《周易外傳》，卷一，頁 2。
〔註 42〕船山云：「天則有其德，地則有其業，是之謂乾坤。」《周易外傳》，卷五，頁 1。

人」，……然則獨乾尚不足以始，而必並建以立其大宗，知、能同功
而成德業。(《周易外傳》，卷五，頁 5)

「乾坤並建，時無先後」，可知乾坤相依互存，而無孤乾或孤坤之時，蓋僅為
純乾或獨有純坤，終無其時也。

(二)〈乾〉知大始，〈坤〉作成物

乾坤係太極之二種顯用，代表陰陽之德能。乾〈象辭〉曰：「大哉乾元，萬
物資始，乃統天」，坤之〈象辭〉則曰：「至哉坤元，萬物資生，乃順承天。」
乾坤何以「元」贊之？乾元坤元何以為萬物所資始資生？依船山之解釋：「物皆
有本，事皆有始，所謂元也。」乾代表純陽之至德，為氣之舒，係天地之「創
生原則」。坤代表純陰之至德，為「凝成原則」。〔註43〕蓋「陰氣之結為形為魄，
恆凝而有質。」，〔註44〕坤陰非乾陽無以始，而乾陽藉坤陰凝結之材行於形質之
中，而得以生成萬物。故分言之則乾陽坤陰，合言之則乾以陰為體而起用，坤
以陽為用而成體。乾坤相配而合，方始即方生，故坤之元同於乾之元，船山曰：
「坤象地之厚。無疆，天之無窮也，其始也生之，既生矣載之。天所始之萬物，
普載無遺，則德與天合，故與乾均為元。」〔註45〕乾坤充盈於天地間，具有生
生之大德，〔註46〕夫乾坤之動靜點化宇宙無窮璀璨之生機，船山曰：「天地之為
德，即立天立地之本德，於其生見之矣！」(《周易內傳》，卷六，頁 5)

乾知而坤作，乾始而坤成，乾之「知」與坤之「能」為乾坤所以能為萬
物資始資生之效能，蓋「知」「能」為乾坤生生之大用。

《周易》以乾坤二卦象徵天地，〔註47〕乾象徵天，則坤象徵地而順承天。
自天地之既成者而言，雖不見其「大之知」與地之「能」，然而從代表天地
德業之乾坤而言，夫乾，天下之至健者也，依創生不已之德能，靜而後動，
屈而後伸，而險非其險也，阻非其阻也。〔註48〕乾元流行於形中，充周洋溢

〔註43〕《周易內傳》，卷一，頁 2。

〔註44〕請參閱曾昭旭〈船山之即氣言體〉，《鵝湖月刊》第十一期，頁 22。其云：「故
六十二卦俱『取象於物理人事，獨乾坤兩卦以德立名』乃以其只是從渾然
一氣，流行為不彙中，『摘出』其創生原則與凝成原則，而名之曰乾與坤耳。」

〔註45〕《周易內傳》，卷一，頁 20。

〔註46〕《易・繫辭上傳》，第六章曰：「夫乾，其靜也專，其動也直，是以大生焉。
坤，其靜也翕，其動也闢，是以廣生焉。」

〔註47〕《易・說卦傳》，第十章曰：「乾，天也，故稱乎父。坤，地也，故稱乎母。」

〔註48〕船山謂：「難於行者言險，滯而不通者曰阻」，《周易內傳》，卷六，頁 23。

與地通徹無間，行焉、施焉，於萬物無大不至，無小不達，流於品物成形之中，無所不貫，其健動極其亨通暢流，其陽氣之舒發，極天下之殊情異質而皆至焉。夫坤，天下之至順者也。坤陰壹於順，雖凝爲重濁而或有所窒礙，然而依乾陽之時起，承天時行，以不滯於阻而自知其通，無所不效以成能。若以人事之觀點言之，則通達事理謂之「知」，將所體悟之理實現之，以成乎具體之事物則謂之「能」。〔註 49〕今以人事之比擬來贊乾坤，則至健之乾元通天下之理而無所不至，出入於險阻而周知其故，因而贊以「大知」。坤因其至順也，無所不受乾之施而順成天下之物，則贊以「大能」，蓋天之生物，即天通于物理，亦即知理。天生物不息，則理無窮，知亦無窮，乾至健，通於萬理以創生萬物，故贊以大「知」。地之成物即坤元之氣載物理而凝成該物，由其載理以成物，而即見其能，其載理之能無窮，是故坤之德能亦至順，因其順於理之所至，能載理以實現理而成物，故贊以大「能」。

是故乾坤爲萬物所資始而資生，「知」「能」者，乾坤之所效也。生生之健者，「知」以爲始，「能」以成物，乾知坤能，知能廢則乾坤毀，所謂：「乾坤毀則無以見《易》。」（〈繫辭上傳〉第十二章）故《周易》並建乾坤以立其大宗，而知能同功以成乎生生之大德，富有之大業。乾坤之合用所以能妙生萬物而不息者，無非健順合一之神爲之。〔註 50〕乾日日健施而不息，坤日日承乾順行而無間，乾坤合德，健以率順，順以承健，因而顯絪縕無間之妙用。乾坤之良能體物而不遺，故《易》道所以廣大，其廣大唯乾坤以統之。六陰六陽並建以偕行，相互往來、盈虛，陰陽倡和之義川流不息，乾健於知而大明終始，坤順於作物、成物而行地無疆。乾坤大生、廣生之德如此，故《周易》並建之爲首，以備天道者以此。

二、由乾坤並建言陰陽十二位數及《易》卦構成法，以示宇宙之變化

吾人透過前面對船山宇宙論基本觀點之探討，或許有益於瞭解其由解釋《易》卦系統所表示之宇宙觀。由本節前項之述，船山依陰陽相需不相離之

〔註 49〕 唐君毅先生曰：「在人間而言，通理謂之知，行理而具體實現理以成物，謂之能」，語出其所著《中國哲學原論》〈原教篇〉，535 頁。

〔註 50〕 所謂神者，乃指「健以無所屈者，即順以無所拂，則人不可知而謂之神矣！」《周易內傳》，卷六，頁 31。

理，及其與太極一而二，二而一之關係，並建乾坤爲《周易》之首，乾坤不但爲萬物資始資生之元德，亦爲整部《周易》之門戶。船山由乾坤相連不相離，而言卦之陰陽十二位，隱現各半。由卦之六爻位涵蓋天、地、人爲「三才之道」，以陰爻、陽爻在卦爻間錯綜、參伍之升降，相互往來之消息，解釋卦爻變化及宇宙變化之原理，從而展示生生之宇宙觀。

（一）由乾坤並建言陰陽十二位及《易》卦錯綜相比之旁通系統

1. 由乾坤並建言陰陽十二位數

船山曰：

> 夫由乾而知道之必有六陽也，由坤而知道之必有六陰也，乾坤必有而知數位之十二皆備，居者德而見者撰也。（《周易外傳》，卷六，頁 14）

又云：

> 乾之見於撰者六陽，君以爲德者六陰。坤之見於撰者六陰，君以爲德者六陽。道有其六陽，乾俱見以爲撰，故可確然以其至健聽天下之化；道有其六陰，坤俱見以爲撰，故可隤然以其至順聽天下之變。
>
> （《周易外傳》，卷六，頁 13～14）

船山認爲乾坤各有六陰六陽之十二位數，見於撰者六，居於不可見之德者六。道者，太極之別名，太極者乾坤之合撰，故乾以六陽見於撰，坤以六陰見於撰，乾坤合撰於道，在道之主持分劑下，乾顯發至健之創生原則，坤顯發至順之凝成原則，在乾知大始，坤作成物下，開啓生生不息之門戶。所謂「乾坤，其易之門邪」。（〈繫辭下傳〉）

依船山之解釋，《周易》爲乾坤並建者，六陰六陽各處於至足以儲用，而十二位之半，隱而居德，另半則見於撰以發用。乾坤相連而不離，健順不已於顯發廣生、大生之德，在宇宙浩浩之生命洪流中，無有孤乾而缺坤，或孤坤而缺乾之日，亦無陰陽不足於至建至順之日。乾坤合撰之所用者，恆以其數位之半，相乘於錯綜而起化生作用。

2. 十二位數往來消長以成《易》卦錯綜相比之旁通系統

凡卦皆具陰陽十二位數而未有缺，乾坤、六子及五十六卦皆具六陰六陽於嚮背之六位。陰陽於卦爻之嚮背，幽明之間，以往以來，健順恆一，其來也有位，其往也有居，且夫往者所以來，猶屈者所以伸也。然何謂「往來」？船山曰：

> 上升之謂「往」，下生之謂「來」，上下相連而陰陽以類聚者，變之必

通也。既濟、未濟，變之極；夬、姤、剝、復，通之盛也。陰陽之變，
通行乎六位而卦成，其見也象之所著也。（《周易內傳》，卷五，頁 31）

乾坤爲《易》之門戶，《易》曰：「是故闔戶謂之坤，闢戶謂之乾，一闔一闢謂
之變，往來不窮謂之通。」（〈繫辭上傳〉第十一章）乾陽與坤陰錯綜於六位上
往下來，可推知「往來」係指陰陽運動於六位上下之方向而言，所謂「消長」
者，船山曰：「乾坤立而必變，其交有多寡，多因謂之長，寡因謂之消，非消遽
無，而長忽有，其交之數參伍不容均齊，陰陽之妙也」，〔註51〕陽不可久消，陰
不可久長，消極則長，長則必有消，自六十四卦、三十六象而言之，「往來」者
往來於十二位之中，「消長」者消長於六陰六陽之內。於消長有往來焉，於往來
有消長焉，消長之幾爲變化之所自出，往來之迹爲錯綜之所自妙，〔註52〕「消」、
「往」不同時，「長」、「來」不同域，則流行無畛而各成其訢合。

乾坤並建而捷立，陽節以六，陰節以六，十二爲陰陽之大節，隱見各半
而具存，其陰陽之往來、消長，由錯綜所推衍之六十二卦，與乾坤合爲六十
四卦，嚮背顛倒而象皆合。蓋由乾坤等八個卦所成之四組錯卦，及屯蒙等五
十六卦所合成之二十八組綜卦觀之，〔註53〕《易》卦所表現者，實爲一兩卦
並列、陰陽兩兩相孚而成三十二組之旁通系統。統觀其間，乃船山所謂之：

無「有陰而無陽」，無「有陽而無陰」，兩相倚而不離也。隨其隱見，
一彼一此……此太極之所以出生萬物，成萬理，而起萬事者也。（《周
易內傳》，卷五，頁 12）

綜觀《周易》之序，錯綜相比，錯者捷錯，綜者捷綜，而乾坤健順之理俱在，
〔註54〕每組嚮背或顛倒之二卦相合以著幽明、屈伸之一致，益彰對立調和而統
協於一之法則。整部《易》卦統貫而觀之，乾坤並建而捷立，點化宇宙無窮之
生意，屯蒙繼以交運，乾坤者錯以相應，屯蒙者綜以相報也，陰陽參伍、〔註55〕
錯綜、往來、消息於卦卦之間而構成一旁通統貫之《易》卦系統，〔註56〕所象

〔註51〕《周易外傳》，卷七，頁 14。
〔註52〕《周易外傳》，卷七，頁 12～13。
〔註53〕請參閱前章，最後一節。
〔註54〕船山曰：「乾坤可以有六十二卦，六十二卦可以有乾坤，乾坤恆有則健順恆至，
恆至而恆無不知，則六十二卦之效法，聽治於一存一發之乾坤，而又何疑乎！」
語見《周易外傳》，卷六，頁 22。
〔註55〕船山曰：「參者異而相入，陰入陽中，陽入陰中之謂也。伍者同而相偶，陰陽
自爲行列之謂也。」《周易內傳》，卷五，頁 27。
〔註56〕船山對參伍、錯綜之意的闡釋，在於表達《周易》卦爻系統，係由乾坤所各

徵者乃爲一陰一陽往來不息，創生不已，點化宇宙川流不息之無盡生命，而於六十四卦之末殿以未濟 ䷿ 者，顯示一陰一陽之道仍往來不窮，其創生活動仍方興不已，緜延恆貫，永無止境，此《周易》之大綱以盡陰陽之用者也。

（二）對《易》卦構成程序之解釋

《易》云：

> 是故易有太極，是生兩儀，兩儀生四象，四象生八卦。（〈繫辭上傳〉第十一章）

依船山之解釋，《易》之爲書備太極之理，「太極生兩儀」者乃陰陽之渾合者——太極，動而顯陽之用，靜而彰陰之用，陰陽爲二儀，於卦爻中以「－－」示陰文，以「－」示陽爻。「兩儀生四象」者，「純陰純陽爲通之二象，陰錯陽，陽錯陰，爲變之二象。」陰陽以時而爲通，而爲變，吾人因而著明其象，然陰陽兩儀所相因而生之四象爲何？船山曰：「於《易》則乾一象，坤一象，震、坎、艮一象，巽、離、兌一象。」茲試依船山所言，以圖表示之。

乾 ䷀　坤 ䷁　此係純陽純陰爲「通」之二象。

震 ䷲　坎 ䷜　艮 ䷳　此係以陽依次錯陰所得「變」之一象。

巽 ䷸　離 ䷝　兌 ䷹　此係以陰依次錯陽所得變之另一象。

「四象生八卦」者，四象成則變通、往來、進退之幾著焉，由是而成乎震、坎、艮、巽、離、兌等六子，再加純乾純坤而成八卦，卦之體由此而立。那麼，船山如何解釋剛柔相摩、八卦相盪而衍生六十四卦、三百八十四爻，吾人可由其註解〈繫辭下傳〉第十一章：「八卦成列，象在其中矣。因而重之，爻在其中矣。」以見船山之解釋。

船山註曰：「『成列』，謂三畫具而已成乎卦體，乾、坤、震、巽、坎、離、艮、兌交錯以並列也。『象』者，天、地、雷、風、水、火、山、澤之法象，八卦具而天地之化迹具其中矣。」（《周易內傳》，卷六頁 1）至於「因而重之」者，依船山之解釋，乃依三畫卦之八卦爲體，每一畫演而爲二，以成六畫卦，至論爻，則曰：「『爻』者，效也。重三爲六，則天地之化理、人物之情事，

具十二位數相互錯綜所衍生而成，然而船山未能發揮成熟以充分展示《易》卦之邏輯系統。方東美先生於其所著《哲學三慧》一書中，有〈易之邏輯問題〉一文，由邏輯之觀點將《易》卦旁通統貫之系統，有極精闢之說明，請參閱該書 109～143 頁，三民書局，民國 62 年 1 月版。

所以成萬變而酬酢之道皆呈效於其中矣。」（《周易內傳》，卷六，頁1）「重」
者乃一爻，〔註57〕非一象列而再增三畫爲一象。茲將船山依三畫卦即八卦，
依「參三才而兩之」之義，重爲六畫卦而成六十四卦之方式列於下：

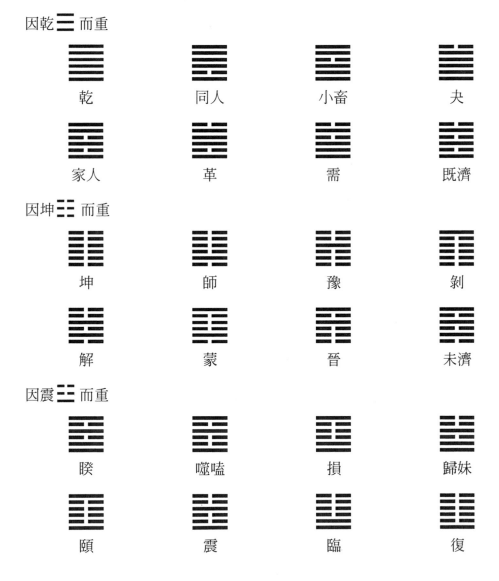

因乾☰而重

| 乾 | 同人 | 小畜 | 夬 |
| 家人 | 革 | 需 | 既濟 |

因坤☷而重

| 坤 | 師 | 豫 | 剝 |
| 解 | 蒙 | 晉 | 未濟 |

因震☳而重

| 睽 | 噬嗑 | 損 | 歸妹 |
| 頤 | 震 | 臨 | 復 |

〔註57〕船山曰：「若以伏羲畫卦及筮著積次上生而成六爻者言之，則非內三畫遽成乎
八卦，而別起外三畫以層參之，故〈傳〉言參三才而兩之，合二爻而爲一位
也。『重』者，一爻立而又重一爻也」，語出《周易內傳》，卷六，頁1～2。依
船山之意，初、三、五爻乃八卦之本位，二、四、上爻乃其所重也，此爲「參
三才而兩之」者也。

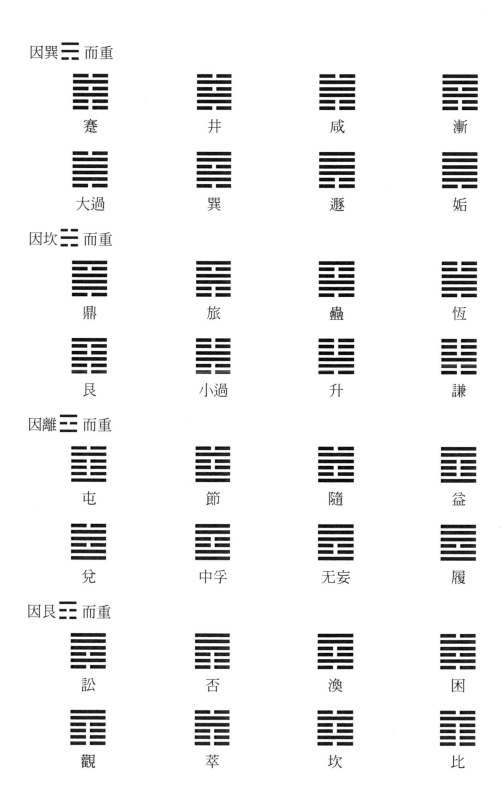

因巽　而重

| 蹇 | 井 | 咸 | 漸 |
| 大過 | 巽 | 遯 | 姤 |

因坎　而重

| 鼎 | 旅 | 蠱 | 恆 |
| 艮 | 小過 | 升 | 謙 |

因離　而重

| 屯 | 節 | 隨 | 益 |
| 兌 | 中孚 | 无妄 | 履 |

因艮　而重

| 訟 | 否 | 渙 | 困 |
| 觀 | 萃 | 坎 | 比 |

因兑 而重

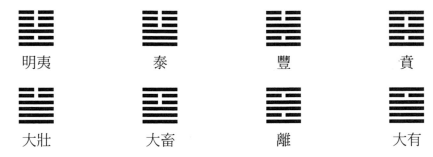

明夷　　　　　　泰　　　　　　豐　　　　　　賁

大壯　　　　　　大畜　　　　　　離　　　　　　大有

吾人觀其所重之程序爲：

（1）八個三畫卦，每一卦先重爲六畫卦。

（2）以陰陽相錯之法，錯第二爻。

（3）以陰陽相錯之法，錯第四爻。

（4）以陰陽相錯之法，錯第六爻。

（5）以陰陽相錯之法，錯第二爻及第四爻。

（6）以陰陽相錯之法，錯第二爻及第六爻。

（7）以陰陽相錯之法，錯第四爻及第六爻。

（8）以陰陽相錯之法，錯第二爻、第四爻及第六爻。

八個基本之三畫卦，各個可相繼重八個六畫卦，合計爲六十四卦。

（三）三才之道

《易》云：

> 《易》之爲書也，廣大悉備，有天道焉，有人道焉，有地道焉。兼三才而兩之，故六。六者非他也，三才之道也。（〈繫辭下傳〉，第十章）

船山註曰：

> 「廣大」，其規模之宏遠。「悉備」，其事理之該括也。「道」者，立天、立地、立人之道也。易包括兩間之化理，而效生人之大用，故於六位著其象。「才」者，固有之良能，天地以成化，人以順眾理而應萬事者也。陰陽，天之才；柔剛，地之才；仁義，人之才。天高地下，人居其中，各效其才，物之所以成，事之所自立也。（《周易內傳》，卷六，頁21）

夫《易》之作者，極深而研幾，探賾索隱，鉤深致遠，欲範圍天地之化而不

過，擬曲成萬物而不遺。是以，易與天地準，作《易》者由重三畫卦而演成六畫卦，藉以彌綸天地之道，其卦爻六位，廣大而包羅萬有，依萬有不同之類別，固有之性能，而畫分天道、地道與人道。以「陰陽」並屬於行氣化之天道，以「柔剛」並屬於育物載物之地道，以代表人性之良能之「仁愛」並屬於人道。然而天命之降，人性之發，各因乎動幾而隨時相應，因時間、空間、事宜有異，則道有殊施，心有殊感，〔註 58〕故於《易》卦需重三爲六，道乃完備。

《易》云：

> 道有變動，故曰爻。（〈繫辭下傳〉第十章）

船山註曰：

> 「道」，三才之道也。六位雖分，三才殊道，而天地絪縕，時相升降，人心之邪正、氣之順逆，亦與天地而相感，故初、二爲地；三、四爲人；五、上爲天，其常也。其變動，則隨位而三才之道見，固不可爲典要，以爻之陰陽，動於其位，道即因之而在。（《周易內傳》，卷六，頁 22）

船山以六畫卦之初、二爻代表地位，三、四爻代表人位，五、六爻代表天位。但是三位非截然分離，其各位皆重氣之陰陽，形之剛柔，性之仁義，三者交至方足以成乎全體大用。〔註 59〕蓋天地密接，人與萬物皆天地所淪肌浹髓以相涵，天大、地大、人亦大，三者交互影響，息息相關。人爲萬物之靈，乃以肖道之和順以參天地之化育，贊宇宙之生機，故三、四爻之人位居於初、二爻與五、六爻之間，而於德位有中焉，船山以內卦之中爻即第二爻爲「德」之中，而以外卦之中爻，即第五爻爲「位」之中，〔註 60〕如是人之德位有定，從而涵養日新之盛德，開創富有之大業，在參天地之化育中步步提升人格價值及至天人合一之理想境界。

〔註 58〕船山曰：「命之降、性之發，各因乎動幾而隨時相應以起，則道有殊施，心有殊感，陰陽、柔剛、仁義各成其理而不紊，故必重三爲六，道乃備焉。」語見《周易內傳》，卷六，頁 27。

〔註 59〕參閱《周易內傳》，卷五，頁 7。

〔註 60〕船山以內卦象修德之事，外卦象應世之時位，所謂：「內卦象德，外卦象位」，《周易內傳》，卷一，頁 22。

第四章　船山《易》學之人性論

　　由前章而知，船山於《周易內、外傳》所表達之宇宙，即〈繫辭〉所謂：「一陰一陽之謂道」，健動不已，永恆無盡於發育萬物，因此，瀰漫於宇宙之中者，為大化流衍，生意盎然，緜緜不絕之生命景象。由宇宙萬物變化所顯示之秩序，則為一萬物生生不息而有條有理，相輔相成，整體圓融，廣大和諧之美善宇宙。由「三才之道」得知天大、地大、人亦大，人居天地之中樞，秉天地大生廣生之德，參贊化育，以實現吾人生命之價值與意義。本章依前章所論之宇宙論為基礎，從而探討人在宇宙中何以能為萬物之靈，得成參贊化育之功，而創發生命之理想價值與意義，其形上根據何在？換言之，天道與人之性命有何關係？茲由人之性命之生成，及人性之結構，道德價值之形上基礎等三方面來探討船山於《周易內、外傳》，就天人關係所解釋之人性論。

第一節　人之性命之生成

　　《周易》解釋吾人性命之生成係循「宇宙論之理路」。〔註 1〕茲分由「人之性命之所由生」、「人性命之善」及「天道生成人之性命之方式」來解說船山對吾人性命之生成所作之解釋。

〔註 1〕牟宗三先生於其《中國哲學的特質》一書中，認為儒家對人性之立說，大體可分成兩路。其中，《中庸》、《易傳》所代表之一路，係「宇宙論的進路」（Gosmological approach）即天以其創造之眞幾流行於人，所命予人者，從人之承受處言之，則曰「性」。此處請參閱該書 52～53 頁，台灣學生書局，民國 64 年 10 月 3 版。

一、人之性命之所由生

船山在《周易內、外傳》，由創進不已之天道〔註2〕以說明人之性命之生成。其以理氣相涵之形上立場，以一陰一陽之氣之化育，予說明吾人性命之生。〔註3〕船山曰：

> 天之所用爲化者，氣也；其化成乎道者，理也。天以其理授氣于人，謂之命。人以其氣受理於天，謂之性。（《讀四書大全說》，卷十，頁49）

> 天以其陰陽五行之氣生人，理即寓焉而凝之爲性。（《張子正蒙注》，卷三，〈誠明篇〉）。

兩處均言天於其化生之際，循化生之理以理氣命人。然而理氣非隔離之二物，而係相函爲一體者。由人而言，人由稟受陰陽健順相函之和氣以成乎人之天性；換言之，由氣之化而人生焉，人生則「性」必成焉。「性」與理氣渾化而成人身，人稟受此天命之理性而成爲人。換言之，「性」即人之內在本質，此由天所命生之「性」，係融合理氣而得，理寓於氣而凝成性，理氣交充而互相持和，有氣則有理，蓋船山曰：「盈天地之間，人身之內，人身之外，無非氣者，故亦無非理者，理行乎氣之中，而與氣爲主持分劑者也。」〔註4〕理寓氣中爲氣之主持分劑者，理爲氣之理，有一定之例，秩乎氣而使之有條有序，隱然具備當然之則，故船山曰：

> 理雖無所不有，而當其爲此理，則固爲此理，有一定之例，不能推移而上下往來也。（《讀四書大全說》，卷十，頁33）

又曰：

> 理只是以象二儀之妙，氣方是二儀之實。（《讀四書大全說》，卷十，頁2）

陰陽二氣所以有結合之妙，即因其秩然有序，理者象其秩序也。陰陽二氣化生萬物有條有紀，不錯無亂，理依氣之條緒節文乃顯現可見，人生而性成，理亦著焉，此性之理乃仁義禮智之善根，船山曰：

〔註2〕 天道者，指上天化生萬物之道，船山嘗曰：「天以其一眞實無妄之理，爲陰陽，爲五行，而化生萬物者，曰天道。」

〔註3〕 船山曰：「言心、言性、言天、言理俱必在氣上說；若無氣處，則俱無也。」見《讀四書大全說》，卷十，頁33。

〔註4〕 《讀四書大全說》，卷五，頁27。

氣之條緒節文，乃理之可見者也。故其始之有理，即於氣上見理。(《讀
四書大全說》，卷九，頁5)

又曰：

若夫人之實有其理以調劑夫氣，而效其陰陽之正者，則固有仁義禮
智之德存於中，而為惻隱、羞惡、恭敬、是非之心所從出。(《讀四
書大全說》，卷十，頁2)

觀船山此處解釋人性之由來，可謂採橫渠及朱子之路途而予以發揮。橫渠曰：

由太虛，有天之名；由氣化，有道之名；合虛與氣，有性之名。(《張
子正蒙注》，卷一，〈太和篇〉，頁11)

船山註曰：

太虛者，陰陽之藏，健順之德存焉。氣化者，一陰一陽，動靜之幾，
品彙之節具焉。秉太虛和氣健順相涵之實，而合五行之秀以成乎人
之秉彝，此人之所以有性也。

而張載所謂「合虛與氣，有性之名」之「虛」字乃指理而言。船山曰：

張子之合虛與氣，有性之名。虛者，理之所涵之氣者，理之所凝也。

(《讀四書大全說》，卷十)

至於朱熹亦主張人之所以生係出於陰陽之化生，理氣之相合。朱子曰：

命，猶令也，性，即理也。天以陰陽五行化生萬物，氣以成形，而
理亦賦焉，猶命令也。於是人物之生，因各得其所賦之理，以為健
順五常之德，所謂性也。(《四書集註‧中庸》「天命之謂性」註)

又云：

人之所以生，理與氣合而已。天理固浩浩不窮，然非是氣則雖是有
理而無所湊泊。故必二氣交感，凝結生聚，然後是理有所附著。凡
人之能言語、動作、思慮、云為，皆氣也，而理存焉。(《朱子語類》，
卷四)

可見船山於解釋天道與人性命之生，係承繼宋儒以理氣化生萬物之途徑，而
謂「理者，天之貞常也，氣者，天地之均用也」。〔註5〕然而船山於其《易》
學中如何解釋天道化生靈肉合一之人？船山曰：

今夫人之有生，天事惟父，地事惟母。天地之際，間不容髮，而陰
陽無畔者謂之沖；其清濁異用，多少分劑之不齊，而同功無忤者謂

之和。沖和者，行乎天地而天地俱有之，相會以廣所生，非離天地
而別爲一物也。故保合則爲沖和，奠位則爲乾坤，乾任爲父，父施
者少，坤任爲母，母養者多，以少化多，而人生焉。……少者清而
司貴，多者濁而司賤，沖和既凝，相涵相持，無有疆畔，而清者恒
深處以成性，濁者恒周廓以成形。形外而著，性内而隱。著者輪廓
實，而得陰之闔，動與物交；隱者退藏虛，而得陽之翕，專與道應。
（《周易外傳》，卷二，頁 13）。

船山以乾坤並建而創育萬物之宇宙論立場，認爲陰陽沖和之氣流行於天地
間，乾以「創始原理」〔註6〕施生，坤以「順成原理」〔註7〕及「凝成原則」
凝成之、養育之。依此運用於解釋人之生成，則謂乾以少化坤之多而人生焉，
少者清而多者濁，清濁相涵相持而不相叛逆，雖其有異用，多少分劑有不齊，
卻和順而同功。多而濁之坤陰以其凝成原理化生外著之人形；清而少之乾陽
則化生成深隱於人形内之人性。船山且由陰陽沖和之氣解釋人之化生，闡明
人與天地爲一體，猶海漚之於大海，蓋人非隔離天地之孤立物，而係與天地
相保合、相呼吸，爲整個有機體之一部分，彼此息息相關，密而無間。

二、人性命之善

船山於疏解《周易》「繼之者，善也；成之者，性也」（〈繫辭上傳〉第五
章）處，精闢地闡發了天道與善以及善與性之密切關係，預設了性善論之根
基，由其道大而善小，善大而性小之論，導引了其道德哲學中尊道、尊善、
尊性之主張，其要旨在使人於性善之形上源頭處，驀然自覺內在善性之可貴，
體認生命意義及其價值之根源所在，尊天之善之繼於人，從而安身立命，步
步存養擴充之，以盡性致命而上達天人合一之至善理想。茲將船山解釋「繼
之者，善也；成之者，性也」一章，由天道立性善之論，先摘引於後，再予
以扼要解析之。

船山於《周易內傳》曰：

道統天地人物，善、性則專就人而言也。一陰一陽之道，天地之自爲
體，人與萬物之所受命，莫不然也。……合一陰一陽之美，以首出萬

〔註6〕 此名詞係借用方東美教授著、孫智燊教授譯〈中國形上學中之宇宙與個人〉一
文中之用法，請參閱《哲學與文化》第十七期，頁5，哲學與文化月刊社出版。
〔註7〕 同上。

物而靈焉者,人也。「繼」者,天人相接續之際,命之流行於人者也。其合也有倫,其分也有理。……孟子曰:「人無有不善」,就其繼者而言也。「成之」,謂形已成,而凝于其中也。此則有生以後,終始相依,極至于聖而非外益,下至於梏亡之後猶有存焉者也。于是人各有性,而一陰一陽之道,妙合而凝焉。然則性也,命也,皆通極于道,為「一之一之」之神所漸化,而顯仁藏用者。道大而性小,性小而載道之大以無遺。道隱而性彰,性彰而所以能然者終隱。道外無性,而性乃道之所函。是一陰一陽之妙,以次而漸凝于人,而成乎人之性。則全易之理不離乎性中,即性以推求之,易之蘊豈待他求象數哉!(《周易內傳》,卷五,頁12～13)

又曰:

人物有性,天地非有性。陰陽之相繼也善,其未相繼也不可謂之善。故成之而後性存焉,繼之而後善著焉。言道者統而同之,不以其序,故知道者鮮矣。

性存而後仁、義、禮、智之實章焉,以仁、義、禮、智而言天,不可也。成乎其為體,斯成乎其為靈。靈聚於體之中,而體皆含靈。若夫天,則未有體矣。

相繼者善,善而後習知其善,以善而言道,不可也。道之用,不僭、不吝,以不偏而相調。故其用之所生,無僭、無吝以無偏,而調之有適然之妙。妙相衍而不窮,相安而各得,於事善也,於物善也。若夫道,則多少陰陽,無所不可矣!

故成之者人也,繼之者天人之際也,天則道而已矣。道大而善小,善大而性小。道生善,善生性。道無時不有,無動無靜之不然,無可無否之不任受。善則天人相續之際,有其時矣。善具其體而非能用之,抑具其用而無與為體,萬彙各有其善,不相為知,而亦不相為一。性則斂於一物之中,有其量矣!有其時,非浩然無極之時;有其量,非融然流動之量,故曰「道大而善小,善大而性小」也。……

道者,善之所從出也。惟其有善,是以成之為性焉,善者,性之所資也。方其為善,而後道有善矣。方其為性,而後善凝于性矣。

故孟子之言性善,推本而言其所資也。……甚哉!繼之為功于天人

乎！天以此顯其成能，人以此紹其生理者也。性則因乎成矣，成則
因乎繼矣。不成未有性，不繼不能成。天人相紹之際，存乎天者莫
妙于繼。然則人以達天之幾，存乎人者，亦孰有要於繼乎！

夫繁然有生，粹然而生人，秩焉紀焉，精焉至焉，而成乎人之性，
惟其繼而已矣。道之不息於既生之後，生之不絕于大道之中，綿密
相因，始終相洽，節宣相允，無他，如其繼而已矣。以陽繼陽，而
剛不餒；以陰繼陰，而柔不孤；以陽繼陰，而柔不靡；以陰繼陽，
而剛不暴。（《周易外傳》，卷五，頁 13～14）

茲將此二段引文整理其要點析論如下：

（一）一陰一陽之道，流衍所至，雖命生天地人物，然而船山在此處所
指之「善」、「性」係專就人而言。

（二）一陰一陽之道，其相繼綿密不已，以化生萬物而不息，方能謂之
「善」。一陰一陽之化生中，其「生」之作用，蘊含善之價值，是以船山由
一陰一陽之功用，就兌現生生之價值處，亦即就氣化之相繼成器、成物、成
人、成宇宙繁然萬有之處，方贊以「善」。可見船山以「善」之價值贊道之
用，凡有一物生成則有一善，物相繼以成，則善亦不窮。船山據此進而以太
極能發揮繼善之功用能顯發陰陽二儀，生四象，成八卦，生生且有倫有序，
條理彰著，才贊以「理」之名，並且就氣化而後「理」之實著處，才稱以「道」
之名，所謂：

太極最初一○，渾淪齊一，固不得名之為理。殆其繼之者善，為二
儀，為四象，為八卦，同異彰而條理現，而後理之名以起焉。氣之
化而人生焉，人生而性成焉。由氣化而後理之實著，則道之名亦因
亦立。（《讀四書大全說》，卷十，頁 33）

可見船山所闡釋之《周易》；以一陰一陽之道之創育功能，做為「善」以及「理」
與「道」之必要條件，吾人據此可稱之為價值之宇宙論。

（三）就天人而言，「繼之者」意指天人接續之際，命之流行於人；「成
之者」謂人性凝於人形之中而成一有活潑生命之人。就人事而言，意指人法
乾坤大生廣生之德，起而繼之，依此為善，以完成生命之自我乃實現。一陰
一陽相繼不絕之道於生生處創發「善」之價值，其生生之大德乃指「善」之
價值泉源。人之性命即成於其化育之功效，依船山之意，於天命流行於人之

際，性方凝則善當下即凝于性而爲性之所資。「繼之者，天人之際」，〔註8〕一陰一陽之道即以此顯其成能，「性」以此而成，「善」於此而凝於性。此爲船山根據《周易》宇宙論以解釋性善之形上根源。一陰一陽之道於創生之歷程中，猶如滾滾長江東流水，後浪源源推前浪，連連相繼不絕，宇宙由是洋溢生機大有，亦瀰漫一陰一陽所創發之無限「善」之價值。一陰一陽既繼之不已，則萬物於既生之後，終則有始，其「生」亦不絕於大道之中，如是宇宙得以生生相續，善善相繼，「繼」之功爲大，「善」之價值亦宏矣！

　　（四）就一陰一陽之道而言，其創育萬物有浩瀚無極之時，融然流然之量。其化生時命予該物所以成該物之理乃爲「性」。乾〈象〉辭曰：「乾道變化，各正性命。」即指萬物於化生時各得其性命，所謂「成之者性」。因此就稟受一陰一陽之道所命之生成物而言，則有時矣！有量矣！是以，船山於道生善，善生性之層次下，曰：「道大而善小，善大而性小也。」

　　（五）於「道」、「善」、「性」之連貫關係中，船山以道爲最大，蓋「道統天地人物」，故「尊道」。至於「性」，船山曰：「性乃道之所涵，是一陰一陽之妙，以次而漸凝于人，而成人之性，則全易之理，不離乎性中。」又曰：「方其爲性，而善凝於性矣！」善凝於人性中，惟內在之人性能載道之大以無遺。道既超越萬物又內在於人性，故尊人性。至論「善」則指道之創生作用，繼繼不已，人之能紹其生理以盡其性，全在其能疊疊而繼天之善，由此以明天人合一之義，故尊善，「道」大可合而不可據，船山於此處將「天」視爲道之別名，故尊天，善性既專爲人所獨有，不可不存守，以示與禽獸有別，故尊人。尊天者，係尊道不息于既生之後；尊人者，係尊人能存守此性以擴充之，使人之生命不離于大道中，尊天尊人合而稱之，乃尊天創生之善，繼續不已於人也。〔註9〕

三、天道命生人性之方式

　　天道以陰陽和順之氣，循生生之條理授氣於人，而人之所以爲人之理寓於氣而凝之爲性，性方凝，善亦當下凝于性，而爲性之所資，是以性蘊含理、

〔註8〕　船山在此將天釋爲道之別名，所謂：「天則道而已矣！」。
〔註9〕　此段尊道、尊性、尊善、尊天、尊人諸義，係參考唐君毅先生之説法。詳見唐先生所著：《中國哲學原論》（原教篇），第二十一章，新亞研究所，民國64年1月出版。

氣、善。所謂「性」者，意指人之爲人所具當然之理，船山曰：「就氣化之成于人身，實有其當然者則曰性。」〔註10〕天人之蘊繫乎氣，性不離氣，性乃一陰一陽相繼不絕之天道所「命」，船山曰：

> 《易》曰「繼之者善也」，言命也。命者，天人之相繼者也。（《讀四書大全說》，卷七，頁10～12）。

天道創生之善既是繼繼不已於人，故船山以其獨特之「命日降，性日生」之說，解釋天道命生人性之方式。船山曰：

> 命日降，性日生，性者生之理，未死以前皆生也，皆降命受性之日也。……「成性存存」，存之又存，相仍不舍，故曰「維天之命，於穆不已」。命不已，性不息矣。……性者，生理也，日生而日成也。（《思問錄·內篇》）。

船山認爲人性非嬰兒出生之時即已一次生成，基於其健動而生生不已之宇宙觀，作爲人之生理之「性」，於人有生之時，不論終生之永，抑終食之頃，由於天之生物，其化不息，所謂「維天之命，於穆不已」（《詩經·周頌》）。故人亦無時不受天之氣，成性存存，存之又存，相仍不捨於成人之性，故天命日日降，而人稟受之「性」亦日生而日成，天命予人之氣無間斷，則寓於氣之理亦無間斷，故命日降不息，而人性亦日生不已。然天所日降不息之人性，其本質恒不變，猶雨天綿密無間之雨水，其水之所以爲水之本質不變。

船山以命日降，性日生日成之論，解釋天道命生人性之方式，頗符應其解釋爲《周易》健動不已、氣化日新之動態宇宙觀，亦預設了其道德哲學之開展幅度。蓋先天之善性雖可貴，然猶受後天習性〔註11〕之影響而未成定型。人非生而爲聖賢，聖人之人格，猶得在窮理盡性之要求下躬行實踐，戮力於進德修業，方能層層提升而日臻完美之境，故船山有「存養以盡性，學思以窮理」〔註12〕之主張，故曰：「有一日之生，則盡一日之道」，〔註13〕與《大學》「苟日新，日日新，又日新」之教相發明。再者，命日降，性日生，則後天之習性縱使不善，亦不足以阻先天善性之來復。故船山此種立論在教育上

〔註10〕 《讀四書大全說》，卷十，頁34。
〔註11〕 後天習性指後天受環境薰陶，積漸成習之後天之性，船山曰：「後天之性，亦何得有不善？習與性成之謂也，先天之性天成之，後天之性習成之也。」語見《讀四書大全說》，卷八，頁37。
〔註12〕 《張子正蒙注》，卷三，頁8。
〔註13〕 《周易內傳》，卷二，頁54。

有勉人趨善避惡，自強不息之價值。〔註14〕

第二節　簡介船山對人性結構之解釋

　　依前節所論，由天道合一陰一陽之美以命生人性，人性爲人之所以爲人之理。然吾人若對船山由天道所命生之人性〔註15〕欲作進一步之瞭解，則不得不探討船山對人性之結構所作之解釋。船山係由人之生命所資以顯發諸般作用之關係，分析人性之結構，今試爲探討之：

一、「性」與「理」與「心」之關係

　　吾人先由天道化生人之觀點，探討何謂「理」、「性」、「心」？船山曰：

> 天之所以生我者爲命，生我之理爲性，我受所生之理，而有其神明之用以盡其理曰心。（《四書訓義》，卷三十七，頁2）

吾人稟受天所生人之所以爲人之理，稱之爲「性」，可見船山意謂著「性」即「理」。那麼「理」又爲何？船山曰：

> 萬物皆有固然之用，萬事皆有當然之則，所謂理也。（《四書訓義》，卷八，頁13）

吾人觀船山對「理」之解釋與前面「就氣化之成於人身，實有其當然者則曰性」之說法，則「性」與「理」有符合之處，吾人不妨將之合稱爲「性理」。依船山之意，天生之性理有固然之用、當然之則，而能克盡性理而發爲神明之用者，船山稱爲「心」。「性」爲「心」所資以發用之基本依據，由是而推知性與心有體用關係。船山曰「性爲天所命之體，……心爲天所授之用」，〔註16〕心之用在於依性理之基礎而發用，心所以能發用，一方面心函有性理爲基本依據，另方面蓋心有思考作用，能窮理研事，船山曰：

> 性爲體，心爲用，心涵性，性麗心。（《讀四書大全說》，卷二）

> 在人則爲心之有思，然思此理，則即此理而窮之，而義乃精，思此事，則即此事而研之，而道始定。（《周易內傳》，卷四，頁14）

〔註14〕船山曰〈太甲〉二。

〔註15〕此處採廣義之解釋，《荀子正名篇》云：「生之所以然者，謂之性。」性乃天賦吾人資以表現一切生命活動者。

〔註16〕《讀四書大全說》，卷二。

> 故理者，人心之實，而心者，即天理之所著所存者也。（《四書訓義》，
> 卷八，頁 13）

仁義禮信之理雖爲心之實，心之所存，性雖涵於心，然而船山主張「性即理」而不主張「心即理」或「心即性」。蓋船山採用《尚書・大禹謨》中，舜所言之「道心惟微，人心惟危」，把心畫分爲「道心」與「人心」。船山曰：

> 孟子曰：「盡其心者，知其性也」，正以言心之不易盡，由有非理以
> 干之，而舍其所當效之能以逐于妄，則以明乎心之未即理，而奉性
> 以治心，心乃可盡其才以養性。棄性而任心，則愈求盡之，而愈將
> 放蕩無涯，以失其當盡之職矣！……張子曰：「合性與知覺，有心之
> 名」，性者，道心也；知覺者，人心也。人心、道心，合而爲心。（《讀
> 四書大全說》，卷十，頁 34～35）

由「心之未即理」一語可知心有非理干擾之影響，而不能謂「心即理」。船山採用張載所云：「合性與知覺有心之名」，將「性」解釋爲「道心」，性爲善性，即孟子所指仁、義、禮、智之四善端，就《易・繫辭》之「繼之者，善也。成之者，性也。」而言，天之生人、生心本於善，而所生之心，賦有自由意志，船山曰：

> 性本於天而無爲，心位於人而有權，是以謂之心而不謂之性。（《讀
> 四書大全說》，卷八，頁 29～30）

所謂「權」即指心有自由抉擇之作用，此爲「心」與「性」所以分別之另一大特色。心既然靈明能思考，亦有自由意志以抉擇，則船山依心之能否奉性盡心，而有善不善之分，能奉性盡心，繼天好生之德者則爲「道心」，否則就貶爲「人心」，故自天而言，只生一有思慮作用及有自由意志之「心」；自人而言，端視心在其思慮及自由意志之作用時，能否循性理，能否繼天道好生之善，來辨別「道心」與「人心」，故船山曰：

> 若夫人之有道心也，則「繼之者善」，繼於一陰一陽者也。一陰一陽，
> 則實有柔、剛、健、順之質。柔、健、剛、順，斯以爲仁、義、禮、
> 智者也。當其感，用以行而體隱。當其寂，體固立而用隱；用者用
> 其體，故用之行，體隱而實有體。體者體可用，故體之立，用隱而
> 實有用。顯諸仁，顯者著而仁微；藏諸用，用者著而藏微，微雖微，
> 而終古如斯。（《尚書引義》，卷一，頁 16）

船山認爲發於仁、義、禮、信之道心特別難識，猶如古代皇朝，百姓易見，

巍峨之宮殿易見，雄壯之號令易聽，而深居皇宮中之天子則難見也。但為道德修養深厚之君子、聖人，方能知性以知天，知天以盡性，故曰「道心惟微」。船山曰：

> 在人微者，在天則顯，故聖人知天以盡性。在天微者，在人則顯，故君子知性以知天。孟子就「四端」言之，亦就人之顯以徵天之微耳。（《讀四書大全說》，卷十，頁4）

至於「人心」則係指發於形氣，具知覺慾望者。船山曰：「喜怒哀樂，人心也。惻隱、羞惡、恭敬、是非，道心也。」〔註17〕當外物來感，若吾人畏思慮之勞未能存主於身，未克發揮靈明之思慮作用以奉性理，成就「道心」之功用，而放任於倚賴耳目口體諸知覺之用為務，自曠「道心」所居主宰之位，沉迷外物，久而久之積漸成後天之習性，逐漸不自覺而失卻自由抉擇力，道心隱退而不足奉性盡心以繼天德之善，如是牿亡其性，而但為發用類於獸心之「人心」，則吾人之生活寄於耳目口鼻之知覺運動矣！船山曰：

> 蓋心之官為思，而其變動之幾，則以為耳目口體任知覺之用。故心守其本位以盡其官，則唯以其思與性相應；若以其思為耳目口體任知覺之用為務，則自曠其位，而逐物以著其能。于是而惡以起矣。蓋惟無情、無覺者，則效于不窮而不以為勞，性是也。心既靈明而有情覺矣，畏難幸易之情生矣。獨任則難，而倚物則易。耳目之官挾其不思亦得，自然逸獲之靈；心因樂往而與為功，以速獲其當前捷取之效，而不獨任其「求則得，舍則失」之勞，是以往與之逐，「比匪傷」而不恤也。迨其相暱深而相即之機熟，權已失而受制之勢成；則心愈舍其可求可得者，以應乎彼。是故心之含性也，非不善也，其官非不可以獨有所得而必待乎小體之相成也；乃不以之思而以之視聽。（《讀四書大全說》，卷十，頁31）

二、性與情、才、欲

　　船山於《周易外傳》嘗論性與情、才之關係，及情與才之關係，較為明顯，可資吾人探討。船山曰：

> 情以御才，才以給情。情才同原於性，性原於道，道則一而已矣。

〔註17〕《尚書引義》，卷一，頁15。

一者，保合和同而秩然相節者也。始於道，成於性，動於情，變於
才。才以就功，功以致效，功效散著於多而協於一。（《周易外傳》，
卷四，頁 20～21）。

性生於陰陽和順之氣，換言之，一陰一陽之道於化育眾生時，命生人性而成
人之性。而「情才同原於性」者，蓋性為心所涵之理，性為人所應循之當然
理則，心具靈明感通之作用，心受物感動而發喜怒哀樂之情，當不齊之物來
感，若情於心之主宰下發動，依其與性理之順違，從而藉耳目等感官效能，
作好惡之反應，以顯性理於外，則可成乎道德之事。而彼資以效其能，顯「性」
當然之則於四情，以成乎事之耳目心思則謂之才，此乃「情以御才，才以給
情」。由情才顯性而見心之涵性理，故「情才同原于性」。情才皆統於心，皆
出于氣，故船山曰：

人生而有性，感而在，不感而亦在者也。其感於物而同異得失之不
齊，心為之動，而喜、怒、哀、樂之幾通焉，則謂之情。情之所嚮，
因而為之，而耳目心思效其能以成乎事者，則謂之才。三者相因而
發，而及其用之，則各自為體。（《四書訓義》，卷三十五，頁 14）。

船山以「情便是人心，性便是道心」（《讀四書大全說》，卷十，頁 9），區分性
與情有別，然而性情雖有別，卻彼此相需。「性情相需者也。……性以發情，……
情以充性」（《周易外傳》卷五，頁 23）。蓋人心與道心雖有別，然人心資道心
之用，性與情交相需要，性以發情，情以顯性。船山認為喜、怒、哀、樂之
四情為「人心」，而非人欲，「人心」感物而動，則有喜、怒、哀、樂之四情，
由情而生避怒、哀，趨喜、樂之「欲」，性與情欲之關係；欲生於情，情發於
性。依船山之言論，得知性由天所命生，性為善，而情係由性所發，然而情
可為善，亦可為不善，依吾人以《荀子‧正名篇》云：「生之所以然者，謂之
性」之瞭解，天賦之性既為善，則何以其所發之情亦有為不善之可能，實令
人費解。

　　仁、義、禮、智為性之四端，藉喜、怒、哀、樂之情而彰顯。故仁、義、
禮、智之性乃人所以為人之當然理則，亦為喜、怒、哀、樂之情所未發之「中」，
所謂：「善者中之實體，而性者則未發之藏也。」〔註18〕四善端乃性之藏，中
之實有。心感物而動，遇攸當之際而發情，則所生之情各如其量，所謂「發
而中節」，節者，中之顯也。船山曰：

〔註18〕《讀四書大全說》，卷二，頁 13。

—94—

在中則謂之中，見於外則謂之和。在中則謂之善，見於外則謂之節。

（《讀四書大全說》，卷二，頁13）。

已發之節爲性理之顯，未發之中爲性理之隱。船山將心統性情，性爲心之體，情爲心之動，性隱而不可見，情發於性，顯性以著明之，船山以喜、怒、哀、樂之情屬人心，以仁、義、禮、智之性屬道心。船山曰：

性不可聞，而情可驗也。今夫情，則迥有人心、道心之別也。喜、怒、哀、樂，人心也。惻隱、羞惡、恭敬、是非，道心也。斯二者，互藏其宅而交發其用。（《尚書引義》，卷一，頁15）。

屬道心之性與屬人心之情「二者互藏其宅而交發其用」，蓋仁、義、禮、智之性賴喜、怒、哀、樂之情以顯發之，擴充之；而喜、怒、哀、樂之情賴仁、義、禮、智之性以爲之節。是以，當吾人感應外物之刺激時，若能以道心爲主宰而發揮「思」與「權」之作用，使情欲之顯得中正之節，順乎性理當然之則，而藉才之效用以成大用。故以理性主宰情、才、欲，則情、才、欲適足以擴充善性，而實踐善良之道德價值。因此依船山之觀點，情、欲、才亦人天生所實有者，亦天理之宜然。故船山曰：

人之有情有欲，亦莫非天理之宜然者，苟得其中正之節，則被衿鼓琴，日與萬物相取與，而適以順乎天理。（《周易內傳》，卷四，頁14）

又曰：

才之所可盡者，盡之於性也。能盡其才者，情之正也；不能盡其才者，受命于情而之于蕩也。惟情可以盡才，故耳之所聽，目之所視，口之所言，體之所動，情苟正而皆可使復于禮。亦惟情能屈其才而不使盡。則耳目之官本無不聰、不明、耽淫聲、嗜美色之咎；而情移于彼，則才以舍所應效而奔命焉。蓋惻隱、羞惡、恭敬、是非之心，其體微而其力亦微，故必乘之於喜怒哀樂以導其所發，然後能鼓舞其才以成大用。喜怒哀樂之情雖無自質，而其幾甚速亦甚盛，故非性授以節，則才本形而下之器，蠢不敵靈，靜不勝動，且聽命于情以爲作爲輟，爲攻爲取，而大爽乎其受型于性之良能。（《讀四書大全說》，卷十，頁10）

船山有「道心」、「人心」之分，透過《周易》繼善成性之闡釋，強調人之善根善性，孜孜勉人實踐善良之道德價值，極不願言惡，而以「不善」代之，船山嘗云：

孟子曰：「盡其才」，曰「盡其心」。足以知天下之能爲不善者，唯其不能爲善而然，而非果有不善之才爲心所有之咎，以成乎幾之即於惡也。(《讀四書大全說》，卷十，頁 32)

人之有不善，乃因不能爲善，換言之，「人心」之不善是因心所統之情未能顯性理，才未能盡性，以使欲符應性理，而「人心」之不善非「性」之過，乃心不奉性，不能相仍不舍於繼善存性，自曠主宰之位，未克發揮「思」及「權」之正當作用，故「不善」者乃人未能奉性盡心之過，心既未涵養持正，則情才亦自然無從彰顯性理矣！《孟子》曰：「若夫爲不善，非才之罪也。」(〈告子上〉)船山此處之解釋頗能契合孟子，若吾人能奉性理而盡心，則「動於情，變於才，才以就功，功以致效，功效散于多而協于一，則又終合于道」。情才以性理爲宗、爲一而盡其功能效用，由此性以節情而正功效，則性理顯而善良之道德價值彰矣！

至於惡之根源問題，常被視爲「哲學家之煩惱」，〔註19〕船山既不願由正面作積極性之探究，而該問題亦非《周易》著重之處，因此不列入本論文之範圍內，俟日後再爲此問題「煩惱」之。

第三節　道德之形上基礎

由前論，一陰一陽之道於化育不已之歷程中，源源相繼以命降人性且凝善於「性」。船山認爲一陰一陽相繼之而後善者，而「繼」之所成者人性也。吾人若能以「道心」爲人身之主宰，顯發其「思」之作用，則於奉性理以盡心之歷程上，察知性理，得知「性」則可知「善」，得知「善」則可悟「繼」天好生之仁德，蓋船山曰：「一陰一陽之道，爲《易》之全體，而於人性之中，爲德業所自立，以見盡性者之不可離也。性涵於心。心之體，處於至靜而惻然有動者，仁也。」〔註20〕性載善而一本於一陰一陽之道，又性涵於心，故奉性盡心則可知「性」、知「善」、知「繼」、知「天」，如是易之理可得，而一陰一陽之道可合，聖人奉性盡心即所以上合天德也。故船山曰：

〔註19〕葛慕藺教授於其所著《形上學》一書中謂：「惡的問題是有名的『哲學家之煩惱』，問題太嚴重，而理性的解釋不能令人完全滿意，似乎悟性本身的能力，不能看透人生的奧秘。」請閱該書 155 頁，先知出版社，民國 63 年 10 月出版。

〔註20〕《周易內傳》，卷五，頁 13。

> 知其性者知善，知其繼者知天，斯古人之微言，而待於善學者與！……
> 溯言善，則天人合一之理得，……大者其道乎，妙者其善乎，善者其
> 繼乎，壹者其性乎，性者其成乎！性可存也，成可守也，善可用也，
> 繼可學也，道可合而不可據也。（《周易外傳》，卷五，頁 15）。

由天人相繼之際，一陰一陽之道命生人性，善凝焉，理寓焉，而爲《易》所
蘊之一陰一陽之道具於人性之中，船山由是而爲人奠下道德之形上根源，使
道德價值之實踐成爲可能，人之體認「易道」而上達天德，以臻「天人合一」
之理想，亦有其天生內在之性命根基，故船山曰：

> 極性命之原於易之道，即明即性見易而體易，乃能盡性於占，而學
> 易之理備。（《周易內傳》，卷五，頁 16）。

人性出自易之道，而易一陰一陽交感之理流行於日用常行之間而不可離，則
心應於何時何處省察，以自覺此內在於人而爲天人交通樞紐之性理？船山曰：

> 性函於心。心之體，處於至靜而惻然有動者，仁也。性之能，麗於
> 事物而不窮於其所施，用也。仁函於心，本隱也，而天理者未動而
> 不測其所在，雖或聞見有得，而終不與己相親；惻然內動，乃以知
> 吾心之有此，而條緒昭察於心目之前，則惟仁爲道之所顯也。此陰
> 陽固有其誠，而必著其幾於動靜之介者也。用麗於事物，本著也，
> 而所以用者卒不可得而見。（《周易內傳》，卷五，頁 13～14）

涵性之心「處於至靜而惻然有動者，仁也」，可見「仁」亦涵於心。當此心處
寂然不動時，天理難測，然而吾人於其惻然內動之刹那，予以省察，則可自
覺吾心之內具天理，其條緒昭察於心目之前。船山此處所謂之「天理」，乃指
天所命生於人之性理。蓋船山嘗云：「一陰一陽之道爲易之蘊，而具於人性之
中也。」〔註 21〕其所指之「天理」與「性理」於此處，可謂殊名同實，船山
釋曰：

> 純乾之德，命人爲性，自然不覩不聞之中，發爲惻怛不容已之幾，
> 以造群動而見德，亦莫非此元爲之資，在天謂之元，在人謂之仁。
> 天無心，不可謂之仁，人繼天，不可謂之元，其實一也。故曰：元
> 即仁也，天人之謂也。（《周易內傳》，卷一，頁 6）

蓋天所以行四時、育萬物者，係因統天之乾以爲之「元」，而乾之稱「元」，
乃指其健行以始萬物之謂。人繼天所命之善與性，吾人若能行乎內在所不容

〔註21〕《周易內傳》，卷六，頁 14。

已，惻然一動之仁，存養之，擴充之，則可興四端行萬善而與天通理，仁於此彰顯明著，故曰：「元即仁也」。

然而，基於船山「道大而善小，善大而性小」之論，人所貫注之天理與天道整體，即人之「仁」與〈乾〉之「元」非可等量齊觀。天道與人道雖有其貫通之處，天所命生於人之性理，雖亦稱之為天理，然依個人淺見，天道與人道不可完全劃等號。蓋天地為萬物之總體，朱子嘗謂：人人有一「太極」，物物有一「太極」，莊子云：「天地與我並生，而萬物與我為一」，故人之理性可稱為天理，然天理非僅為人之理性。人道不離乎天道，且必本乎天道，諺云：「替天行道」，是以，於人之範圍而言，人所行之道即為天道，吾人依此立場可言人道等於天道。人道雖可言等於天道，而此道不包括宇宙無限之能力，故不能成為造物主，雖不能成為造物主，但人可本天道以贊天地之化育；雖能贊天地之化育，則亦但為有情世界一部份之事。

船山以心之惻然內動而測知吾心所天賦之理，亦即性理。船山以此性理為吾人隱於內之本份，而以惻然內動之仁顯用於事物處，著明此愛之德，心之理。船山此說與其「體用合一」，即用顯體以證體、知體之基本原則相符應。由此亦可知心之體為性，性涵善，善為生，生為仁，仁為性所涵，而明船山性即理之主張。然而船山認為由仁之顯用於事物處，以彰著本心涵性、涵仁、涵天理，有一必要條件，即「誠」。由前之引文「惟仁為道之所顯也，此陰陽固有其誠而必著其幾於動靜之介者也」，可知一陰一陽之道本固有之誠創進不已地化育宇宙萬物，而顯天地好生之德。人性為道之所凝，「善」為性之所載，性載善而一本於道，故欲由仁之顯用以證知本心所涵之性理，則必先立「誠」，而用方能行，故船山曰：

> 體之充實，所謂誠也。（《周易內傳》，卷二，頁 35）

> 誠者，實理也，體以是立，用以是當，忠信之原，而義理之所自出也。（《禮記章句》，卷十，頁 17）。

所謂實理者，意指在實際生活中，理自然顯於用。船山於體用並重誠，則由仁之顯用所證知之性理為何？船山以孟子性善論所具言之仁、義、禮、智四善根為解說：

> 孟子就四端言之，亦就人之顯以徵天之微耳。（《讀四書大全說》，卷十，頁 10）

又云：

天地之心，無一息而不動，……其於人也爲不忍之心，……人倫物
理靜處其所，而必以此心惻然悱然，欲罷不能之初幾，爲體天地之
心而不昧。自其不流於物也，則可謂之靜，而固非淡味希聲以求避
咎也。是心也，發於智之端，則爲好學；發於仁之端，則爲力行；
發於勇之端，則爲知恥；其實一也。陽，剛之初動者也；晦之所以
明，亂之所以治，人欲繁興而天理流行乎中，皆此也。一念之動，
以剛直擴充之，而與天地合其德矣！（《周易內傳》，卷二，頁38）。

天地原是無心而成化，在此曰：「天地之心無一息而不動」，蓋《周易》中以
天地象乾坤，一陰一陽之道恒健動不已地化生萬物，吾人據此而知天有好生
之德，所謂「天地之大德曰生」（《易·繫辭下傳》第一章），朱熹亦嘗贊曰：
「天地別無勾當，是以生物爲心。」（《朱子語類》）《周易》以天地象乾坤生
物之德能，天地乃宇宙萬物所資始、資生。天地化生萬物之剛健雄勁，若有
所必然而不容已者，爲言說表達之方便，則以人心比擬之，而名爲「天地之
心」。吾人誠摯之心於惻然有動，欲罷不能之初幾，逆知天地之心，從而知生，
知生者知性也。知性理則可以「道心」主宰顯發喜、怒、哀、樂之情之「人
心」。由是，心動而感應外物時，則性情以有節而正功效，成德業。故船山於
吾人誠心初動之幾以見「天地之心」，體天地之德。而以見「天地之心」爲入
德之門，因而由下學上達以貫通天人。船山曰：

人之所以生者，非天地之心乎？見之而後可以知生，知生而後可以
體天地之德，體德而後可以達化。知生者，知性者也。知性而後可
以善用吾情；知用吾情，而後可以動物。故聖功雖謹於下學，而必
以「見天地之心」爲入德之門。天地之心不易見，於吾心之復幾見
之爾。天地無心而成化，而資始資生於形氣方營之際，若有所必然
而不容已者，擬之於人，則心也。（《周易內傳》，卷二，頁36～37）

人秉乾坤健順之氣而生，人之性具一陰一陽之道，人於誠心初動之幾體認天
理之流行，天人之於性理處相貫通。因此一陰一陽之道以陰陽分言之，，則
仁者行於純陰之順也。知者知之，明陽之健也。若以陰陽合言之，則仁者乃
陰陽靜存之幾，智者乃陰陽發動之幾，皆人性所有，而爲一陰一陽之道所全
具。〔註22〕依船山之意，君子初幾明於後幾，〔註23〕天理內具於人心之中，

〔註22〕請參閱《周易內傳》，卷五，頁12。
〔註23〕船山認爲人心一動，而忽又再動，則私意起，縱有後念之明亦非本心之善也。

吾人所資以見天理者，惟此心耳。

　　一陰一陽之道於繼善成性前，爲元亨利貞之天道，於繼善成性後，則爲具仁、義、禮、智諸善端之人道。吾人不僅可由一己內在之誠心，初動之幾微處，識察天人於性理處相貫通，且亦可體認人與萬物相貫通，船山曰：

> 一念之幾微發於俄頃，於人情物理之沓至，而知物之與我相貫通者，不容不辨其理。耳目口體之應乎心者，不容於掩抑，所謂惻隱之心是已。惻者，旁發於物感相蒙之下；隱者，微動而不可以名言舉似，如痛癢之自知，人莫能喻也。此幾之動，利害不能搖，好惡不能違，生死不能亂，爲體微而爲用至大，擴而充之，則忠孝友恭、禮樂刑政，皆利於攸往而莫之能禦。則夫天地之所以行四時，生百物，亘古今而不息者，皆此動之一幾，相續不舍。（《周易內傳》，卷二，頁 37）

由是人與天地萬物相貫通成一廣大和諧、兼容互攝之有機體，而人生於天地之間爲萬物之靈，能奉性盡心，體天地好生之仁德而肖道之和順，秉乾坤健順之德，於整體宇宙生命之創進不已，生生不息之歷程中，贊宇宙之生機，參天地之化育。對天下萬物，有情眾生，予以同情交感。於天地同根，萬物一體之認同下，立己立人，達己達人，博施濟眾以行民胞物與之愛。由此啓發吾人於崇德廣業之大道上，修養日新之盛德，創發富有之大業，以實踐天人合一之崇高道德價值。船山曰：

> 天地之生，以人爲始。故其弔靈而聚美，首物以克家，明聰睿哲，流動以入物之藏，而顯天地之妙用，人實任之。人者，天地之心也。故曰：「復，其見天地之心乎？」聖人者，亦人也；反本自立而體天地之生，則全乎人矣！……聖人曙乎此，存人道以配天地，保天心以立人極者，……自然者天地，主持者人，人者天地之心。不息之誠，生于一念之復，其所賴於賢人君子者大矣。（《周易外傳》，卷二，頁 12～14）

又曰：

> 道行於乾坤之全，而其用必以人爲依。……聖人之所以依人而建極也。（《周易外傳》，卷一，頁 17）

人生天地之中，以其聰明睿智爲萬物之靈，人爲天地之心，一陰一陽之道行於乾坤，而其用依於人，故天地以人爲主。聖人奉性盡心，明天道人道有相

此義請參閱船山解釋震卦處，《周易內傳》，卷四，頁 9～12。

貫通之處，依天道而建人極，體乾坤化育萬物、好生不已之仁德，窮理盡性以與天地合德。是以，聖人效純乾之德而知無不明，仿純〈坤〉之德而行無不當，於時間變化之流中，因時處順，惟所利用，則裁成輔相之功著，依次而層層上達，與天地生生之德相參，與宇宙合一，與天地之大用合一，由是而實現天人合一之理想境界，此乃《易·繫辭》所謂：「《易》之為書也，廣大悉備，有天道焉，有人道焉，有地道焉，兼三才而兩之，故六，六者非他也，三才之道也。」（〈繫辭下傳〉第十章）。此義亦可與《中庸》所云：「唯天下至誠，為能盡其性；能盡其性，則能盡人之性；能盡人之性，則能盡物之性；能盡物之性，則可以贊天地之化育，可以贊天地之化育，則可以與天地參矣！」（《中庸》二十二章）相互發明。故天地依人而起用，人因與天地合德而其生命方能彰顯意義與價值，故天人之意義與價值，共存共榮，交互輝映，構成一和諧並育旁通純貫之有機整體。

第五章　船山《易》學之生命哲學

第一節　前　言

　　「生命哲學」（Life philosophy）一詞，對多數人而言，或多或少存有陌生感，今依新近所出之哲學辭典將其涵義略述於下：

　　　　日常用語中，生命哲學（1）往往對實際生活有用的智慧和看法，討論道德生活的目標和標準的倫理學，也有人稱之為生命哲學。（2）或人生哲學。因此，以倫理規範和對生命的見地為主的哲學系，往往稱為生命哲學。（3）例如斯多亞主義（Stoicism）及伊比鳩魯主義（Epicureanism），十九世紀出現於世的生命哲學。（4）企圖在理論領域中有所建樹，因而與上述三種意義不同，由歌德（Goe the）及羅曼主義（Romanticism）哲學開其端，生命哲學挺身而出，反抗十九世紀自然科學及技術進步所造成的機械主義（Mechanism），總稱為生命哲學的各種反抗潮流，彼此間卻並不一致。一般說來，都認為實在界的基礎與內容是動態的，而不是靜態的，機械的，可藉概念限定的一切。……生命哲學即以內在體驗的觀點來解釋整個文化。〔註1〕

　　吾人僅觀《周易・繫辭傳》即可察覺其中蘊義與「生命哲學」之旨意若合符節，茲略舉其要引證於後：

〔註1〕請參閱《西洋哲學辭典》238 頁、德國布魯格（Brugger）編著，項退結教授編譯，國立編譯館與先知出版社印行，民國 65 年 10 月初版。

　　（一）由「生生之謂《易》」（〈繫辭上傳〉第五章）表示宇宙萬物所呈現
之生命，係一陰一陽之道創造賡續，生生不已所成。由萬有之靈變難測，而
云：「神無方，而易無體。」（〈繫辭上傳〉第四章）又曰：「《易》之爲書也不
可遠，爲道也屢遷，變動不居，周流六虛，上下無常，剛柔相易，不可爲典
要，唯變所適。」（〈繫辭下傳〉第八章）表徵出，實有界之基礎與內容爲動
態而非靜態，吾人不可限《易》體以機械秩序而執爲典要。

　　《周易》解釋宇宙之起源，與宇宙之變化，而以「易」之名總稱之。羅
光教授曰：

> 西洋哲學講物的本體，中國哲學講物的化生。講本體的哲學注重分
> 析，注重形而上的哲學。講化生的哲學注重和諧，注重形而下的
> 變。……《易經》則講生生之仁，乃能使人和天地相合而求一種和
> 諧的生活。（〈易經的生生思想〉，《哲學與文化月刊》，32 期，頁 27）

依《易經》生命哲學之觀點，萬有之「有」爲「生命」，生命係「有」（being）
之動態。由變易之觀點而言，萬物皆動也、變也。「動」者、「變」者係生命
活潑之情態。宇宙爲變易之歷程，亦爲化生萬有之歷程，以陰陽表示之，則
爲〈繫辭傳〉所云：「一陰一陽之謂道。繼之者，善也。成之者，性也。」宇
宙爲一陰一陽賡續不絕之化生歷程。

　　（二）由「夫《易》，聖人所以崇德而廣業也。」（〈繫辭上傳〉第七章），
「繼之者，善也，成之者，性也。」（〈繫辭上傳〉第五章）、「成性存存，道
義之門。」（〈繫辭上傳〉第七章）、「危者使平，易者使傾，其道甚大，百物
不廢，懼以終始，其要無咎，此之謂易之道也。」（〈繫辭下傳〉第十一章），
「夫易，聖人之所以極深而研幾也，唯深也，故能通天下之志，唯幾也，故
能成天下之務。」（〈繫辭上傳〉第十章）等數語，即可知《易經》之生命哲
學爲人生之道，亦即吾人生命之道，可視爲一門倫理哲學。羅光教授曰：

> 《易經》講宇宙變化，以生生爲目的，生生來自天地好生之德，乃
> 成爲愛之仁。天地萬物的生命相互聯繫，互相協助；人得天地之心
> 爲仁，知道愛自己的生命，也愛人物的生命，在這種愛之中，人盡
> 自己之性以參天地之化育。（出處同前）

依前章所言，一陰一陽化生之道於未繼善成性之前，爲元、亨、利、貞之天
德，於繼善成性之後，則爲仁、義、禮、智之人德。天德與人德相貫通，在
天曰元，在人曰仁。人之生命價值與意義於主體而言，在發揮吾心靈明之思

慮作用，主宰吾身以存心養性，擴充內在仁、義、禮、智之善根，以修養完美之人格。對客體世界而言，吾人當奉性盡心以知天，體天地好生之德，亦即天地生生之仁，本天道以贊天地之化育，以人文化成天下，實現偉大之理想人格。朱子嘗云：

> 天地以生物爲心者也。而人物之生，又各得夫天地之心，以爲心者也，故語心之德，雖其總攝貫通，無所不備，然一言以蔽之，則曰仁而已矣。（朱熹，〈仁說〉，《朱子大全》，卷六十七）

人心之仁與天之生元相貫通，就善端之引發處予以自覺內在之仁心，而妥予存養擴充之，此爲崇德、修德之道。體天地好生之德，而本天道以參贊化育，則爲廣業之道。是以，「崇德廣業」之道係由體天地生生之道而引發，由人事之努力以承續天地生生之道。《周易》啓示吾人於流變無常之現實世界中，透過崇德廣業之道德創發歷程，以宏揚生命之意義與價值，期吾人據此以安身立命。

（三）由「夫易，開物成務，冒天下之道……是故聖人以通天下之志，以定天下之業，以斷天下之疑。」（〈繫辭上傳〉第十一章）、「精義入神以致用也，利用安身以崇德也。」（〈繫辭下傳〉第五章）、「能說諸心，能研諸侯之慮，定天下之吉凶，成天下之亹亹者。」（〈繫辭下傳〉第十二章）、「備物致用，立成器以爲天下利，莫大乎聖人。」（〈繫辭上傳〉第十一章）而知《周易》，體天道以象人事，通天地之德，類萬物之情，變而通之以盡民生利用，制而用之以成日用之器。闡明人之精神創造能力，能依天地自然所生之素材，順其物性「加工」製造，以豐富人類生活，提升人類文明，如是以人文化成天下，而成亹亹之大業，《周易》實爲一部提供實際人類生活有用之智慧和看法之寶典。

船山於《周易內傳》中，將《周易》之生命哲學或稱人生哲學，作了極精要之闡發，船山之解《易》，不但其自身參與明末憂患之衰世，歷數十年之生命體驗，且以其博學之才，會觀群經，以經解經，融貫於其《易》學之中，船山嘗推崇《周易》爲：「聖人極天人之理，盡性命之蘊，而著之於庸言庸行之間，無所不用其極，其作《易》也，引伸盡致以爲修己治人之龜鑑。」（《周易內傳》，卷六）是故船山視《周易》爲一智慧德業之事，而依儒家順天應人，內聖外王之道以闡釋《周易》崇德廣業，參贊化育以成至德之生命哲學。由於「內聖外王」一詞首見於《莊子・天下篇》，非《周易》本身所有，故此處以《周易》中與「內聖外王」同義殊名之「崇德廣業」一詞代表之，然而不論爲「內聖」與「外王」、抑「崇德」與「廣業」，二者皆滲透於吾人生命之

事，係相輔相成者，而非相隔絕之二事，牟宗三先生嘗曰：

> 生命的學問，可以從二方面講：一是個人主觀方面的，一是主觀
> 的集團方面的。……如照儒家「明明德」的學問講，這兩方面是
> 溝通而爲一的。個人主觀方面的修養，即個人之成德，而個人之
> 成德是離不開家國天下的，依儒家的教義，沒有孤離的成德。因
> 爲仁義的德是不能單獨封在個人身上的，仁體是一定要向外感通
> 的。〔註2〕

同理類推，《周易》日新之盛德非孤離而封閉之盛德，而係於開物成務之富有
大業中修鍊而成者，而富有之大業，係個人修養之盛德，表露於外之花果。
茲爲探討之方便，姑且將崇德與廣業分而言之。

第二節　崇德之道

船山曰：「以人道合天德必察其微，故嘆其見天地之心也。」〔註3〕人性
之所自出即易陰陽交易之理，流行於人之日用常行之間，而不可須臾違離，
蓋元、亨、利、貞者，乾之德，天道也。理通而其功用自殊，通其理則人道
合天矣。易爲性體之大全，而盡性盡物者莫踰乎此，故船山於註〈繫辭上傳〉
第五章，「富有之謂大業，日新之謂盛德」處云：

> 盡其性而業大者，惟道之富有，一陰一陽，其儲至足，而行無所擇
> 也。盡其性而德盛者，惟道之日新；一陰一陽，變化之妙，無有典
> 要，而隨時以致其美善也。在道爲富有，見於業則大。在道爲日新，
> 居爲德則盛。此申上文而推德業之盛大，莫非《易》之理，成於人
> 之性中者爲之也。（《周易內傳》，卷五，頁14）

所謂「盡」者，乃指存養擴充吾人內在之性理，所謂「性」者，船山釋曰：「學
焉而必致其精微，以肖天地之正者，性也。」〔註4〕君子者，以德言之則其道
學一以聖人爲歸，船山曰：「君子者，以位言，則守成而不徼功之令主，以德
言，則希聖而不躐等之純儒。」〔註5〕至於「聖人」，則船山曰：「聖人，盡性

〔註2〕 語出牟宗三先生所著《生命的學問》一書〈關於生命的學問〉一文，請參閱
　　　　該書頁33～39，三民書局，民國65年1月4版。
〔註3〕 《周易內傳》，卷二，頁11。
〔註4〕 《周易外傳》，卷四，頁18。
〔註5〕 《周易內傳》，卷四，頁55。

者也。」〔註6〕性盡則易之理該,聖人依太極而立人極,人極立而道術正,聖人據此而志於德,修於學,守卑邇以求漸,船山曰:「漸者,學誨之善術也。」〔註7〕而盛德大業依漸進而興。人道盡,則上合天德矣!茲將船山於《周易內、外傳》所闡發之崇德要道探討如下:

一、德命與福命之分別

船山將人所稟受之天命,分爲德命與福命。天所賦予人之所以爲人之性理,係不分堯、舜、桀、紂,凡人皆有之,對整體人類而言,乃具普遍性者,亦爲人所以爲萬物之靈,其所具有之光明本體、眞實生命,吾人尊重此一珍貴之本性,繼之、存之,天命日降,人性日生日成,則道義由之而顯發,所謂「成性存存,道義之門」也(〈繫辭上傳〉第七章)。由於此性命爲人所以能實踐道德價值之先天基礎,亦即人之能衍生道德生命之源頭或立足點,基此一意義,船山將「性命」稱爲「德命」。

至於「福命」,係指人生而有愚智、貧富、貴賤等不同命運,船山曰:

> 人之有生,天命之也。生者,德之成也,而亦福之事也,其莫之爲而有爲之者,陰陽之良各以其知能爲生之主,而太和之理建立而充襲之,則皆所謂命也。

> 陽主知而固有能,陰主能而固有知。……以知命之,而爲五事,爲九德;以能命之,而爲五福,爲六極。凝聚而均授之,非有後先輕重於其間,故曰:皆所謂命也。

> 而二氣之方錫,人之方受,以器爲承,而器有大小,以時爲遇,而時有盈虛。器有大小,猶疾雨條風之或生或殺也;時有盈虛,猶旦日夜露之或暵或清也。則受命之有餘不足存焉矣。……

> 以知命者以虛,虛者此虛同於彼虛,故太空不可畫以齊、楚;以能命者以實,實者此實異於彼實,故種類不可雜以稻粱。惟其同,故一亦善,萬亦一善,乍見之心,聖人之效也,而從同以致同,由野人而上,萬不齊以致於聖人,可相因以日進,猶循虛以行,自齊至楚而無所礙。……故虛者不足而非不足,天命之性也。……實者不足則不足矣!

〔註6〕《周易內傳》,卷五,頁14。
〔註7〕《周易內傳》,卷五,頁17。

　　　　吉凶之命也。(《周易外傳》，卷三，頁 17～18)。

依船山之意，於一陰一陽化生之道中，陽具「能」而主「知」，陰有「知」而主「能」，陰陽各以其「知」「能」之良能顯發生生之效用，而太和之理主持之分劑之，以命生萬物。一陰一陽之道於化生之際，其以「知」命之而爲貌、言、視、聽、思等五事(見《尚書·洪範篇》)，以及寬而粟、柔而立、愿而恭、亂而敬、擾而毅、直而溫、簡而廉、剛而塞、彊而義等九德(見《尚書·皋陶謨》)，其以「能」命之，則爲壽、福、康寧、攸好德、考終命等五福(見《尚書·洪範篇》)，以及凶短折、疾、憂、貧、惡、弱等六極(見《尚書·洪範篇》)。不論五事、九德或五福、六極皆爲天所授之天命，然當命方降，人方受之時，由於承命之器有大小，所遇之時有盈虛，故人之受命「有餘不足存焉」。此受命之「有餘不足」者皆非人所能決定，而聽命於自然。船山以「虛實」爲說明之，天以「知」命人，所命者爲「虛」，此「虛」同於彼「虛」，猶以廣大之太空而言，可超脫齊楚之界域。天以「能」命者爲「實」，此「實」異於彼「實」，若稻米與高梁其種類不同，故不可相混雜。「虛」者猶理性，於人具共同性，故「一亦善，萬亦一善」，由野人至聖人皆可日進於至善之德，猶循虛以行，可自齊至楚而無所礙。故「虛」者之不足非不足，「虛」者指人所受命之德命，爲天命之性。「實」者彼此相異，蓋人處於變化萬千之宇宙中，其所逢之時間與空間各有不同，其際遇人人有殊，難以相同一致，故「實者不足則不足矣！吉凶之命也。」「實」者指福命也，在福命之範圍內，人但爲聽其自然耳。

　　　對人之德命而言，一陽一陰之道爲易之蘊，而具於人性之中，船山曰：「人心初動之幾，天性見端之良能。」〔註8〕當吾人面對具體之事物，於惻然內動之惻隱實感處，或孝悌實感處，當下體認內在之性理，知吾心之有此，係一切道德之本源，從而審慎地善加省察，存養，在正己，成人，開物成務之大道上，時時踐履之，擴充之，使道德生命猶有源之水，有根之木，而向上開創生命之意義及價值，期能與天合德而成就君子、大人、聖人之理想人格，此乃人皆可以爲堯舜之道路，「求則得之，舍則失之。」(《孟子·告子篇上》)，就道德生命之立足點或出發點而言此德命，則人人平等，然而就存養、擴充之實踐功夫而言，各人深淺不同，故人格價值亦有高下之別，而有所謂小人、庶民、君子、賢人、大人、聖人之別，因此，就德命而言，吾人係一道德主

〔註8〕《周易內傳》，卷四，頁 10。

體，於德命「五事」、「九德」之範圍內，人有道德創造之能力，可於存心養性之修身歷程上，層層擴充之，步步提升之，以臻於聖賢之人格。

至於人所秉受之「福命」，則因陰陽二氣之交感有時位之差別，故各人命運之富貴、窮達，有「五福」、「六極」之異，悉由天所定奪，非人之能力所能依一己之志願而決定或修改，於此一層意義之天，爲命運之天，人但爲俟命者。至於福命之「命」，其義若何？則船山賦予「定奪」義，即有所予且有所奪之謂也。其曰：

> 謂之曰「命」，則須有予奪。若無所予而亦未嘗奪，則不得曰命。言吉言福，必有所予天也；言凶言禍；必有所奪於天也。故富貴，命也；貧賤，非命也。由富貴而貧賤，命也；其未嘗富貴而貧賤，非命也。死，命也；不死，非命也。殀者之命因其死而言，壽者之命亦要其終而言也。（《讀四書大全說》，卷十，頁35）

「德命」透過修養，可擴而充之；「福命」可遇不可求，故不可充之。是以，能知天之命有德命、福命之別者，「修身以俟命」〔註9〕故能樂天知命而不憂，安土敦乎仁而能愛，「修身」係指人所能爲之事，亦即努力於自身道德價值之肯定與提升。「俟命」係指人對天然命運之安排而無法改變，因此只好盡人事之努力，聽天命之安排。

二、由情之可功可罪論盡心知性之重要

道德之價值主要在實現善之價值。船山對「善」之觀點乃植基於《周易》「繼之者善也，成之者性也。」此於前章已論及，在此所欲說明者：船山所謂「善」，係指涉功能。人若能繼天所命之性，亦即存養、擴充天賦內在之性理，則爲善。換言之，天不斷地繼生性命予人，人則受命於天，繼天所命生之性而成性，日生而日成。「善」，係指天人之間繼生之功能，「不善」則指此功能受阻礙。故「善」與「不善」乃於繼不繼生之關係中呈現，而繼不繼之關係，具體而言，船山以吾之動幾與物之動幾相往來之關係予以解釋，其曰：

> 蓋吾心之動幾，與物相取，物欲之足相引者，與吾之動幾交，而情以生。然則情者，不純在外，不純在內，或往或來，一來一往，吾之動幾與天地之動幾相合而成者也。……惟其爲然，則非吾之固有，

─────────────

〔註9〕語出《孟子·盡心上》：「盡其心者，知其性，知其性則知天矣！存其心，養其性，所以事天矣。殀壽不貳，修身以俟之，所以立命也。」

而謂之「鑠」。金不自鑠，火亦不自鑠，金火相搆而鑠生焉。鑠之善，則善矣，助性以成及物之幾，而可以爲善者其功矣。鑠之不善，則不善矣，率才以趨溺物之爲，而可以爲不善者其罪矣。(《讀四書大全說》，卷十，頁 10。)

所謂「情」者，緣主體之動幾與外物，即天地之動幾相合而成者也。亦即內在於主體之內心與外物，一來一往交感而成，猶金與火相搆而鑠生，情亦猶如鑠，所謂鑠之善者，意指吾人感發內在先天之善性以應物幾，而可以爲善，而鑠之不善者，意指「物之來幾與吾之往幾不相應以正者」，〔註10〕換言之，當氣稟與外物相感應，於其一往一來之際，若感非合時，應非合宜，而不得中正之義，則不善矣！故船山在《易》理上主張察情治性，「知幾審位」，其曰：

情之不能不任罪者，可以爲罪之謂也。一部《周易》都是此理，六陽六陰，才也。陽健、陰順，性也。當位、不當位之吉、凶、悔、吝，其上下往來者情也。(《讀四書大全說》，卷十，頁 12)

此爲船山對現實人生中所以有「不善」之事，而勉爲理論上之解釋，雖不一定令人滿意，然亦可備爲一說。依其解釋，吾心之動幾感於物則產生「情」，情有顯性以成善之功，亦可隱晦性理，率才以起溺物之行爲，而有爲不善之罪。然而，吾人所發用之「情」何以在其與物相交之幾，所產生不當之關係中有「不善」？船山依「繼善成性」之理成釋，謂吾心之動幾與物之來幾，於往來關係中不相應以正，亦即性理不得彰明實現。蓋船山曰：「善以成性，而性皆善，故德業皆一陰一陽之善所生，修此則吉，悖此則凶。」〔註11〕若性理不能彰明實現則德不進，業不修，礙己之正，亦礙他物之生成，終悖《易》理而招致「凶」矣！故船山曰：

天無所不繼，故善不窮；人有所不繼，則惡興焉。(《周易外傳》，卷五，頁 14)

善不善端視人既生，性既成之後，能否實現性理，亦即人能否繼善成性，繼之則善，不繼之則不善矣！若吾人能盡性知命，當心之動幾與物之來幾相往來時，知其時，審其位，則物來縱非其時，而吾心能奉性以盡才用，使所以感之者，皆合當然之則，如是性理彰著實現。循此以正己、成人、成物而贊助天地生生

〔註10〕 《讀四書大全說》，卷八，頁 38。
〔註11〕 《周易內傳》，卷五，頁 15。

之德，則情所爲皆善，船山於解釋「生生之謂《易》」（〈繫辭上傳〉第五章）時云：

> 易之所自設，皆一陰一陽之道，而人性之全體也。「生生」者，有其體，而動幾必萌，以顯諸仁；有其藏，必以時利見，而效其用。鼓萬物而不憂，則無不可發見，以興起富有日新之德業。此性一而四端必萌，萬善必興，生生不已之幾。（《周易內傳》，卷五，頁 14～15）

船山於《周易》所闡發之生命哲學，由天道生生之易，點化生生之價值爲仁爲善，貫於人性則爲四端，「仁」爲生生之動機，因時之宜而發用之。崇德廣業者爲承續生生之天德，是以，存乎天人之際者莫妙於繼，夫陰陽和順之氣粹然而生人，秩焉、紀焉、精焉、至焉，而成乎人之性，惟天道之繼而已矣。道不息於既生之後，人之生不絕於大道之中，縣密相因，始終相洽，節宜相允，亦人繼性，實現性理而已矣。蓋船山曰：「人身渾然一天道之合體，而天理流行於其中」〔註 12〕、「道德之實，陰陽健順之本體也」〔註 13〕、「繼其健，繼其順，繼其行乎中也，繼者乃善也。」〔註 14〕故知其性者知善，知其繼者知天，善可繼，性可存，成可守。是以知天盡性則情正，情正則能有顯性成善之功，而所以能知性知善，知繼、知天者，繫於吾人內心靈明之心。

心（道心）爲吾人大體之官，大體者，天地之靈也。船山曰：「大體之官皆靈明之府，其言心者言其會通之牖耳。」〔註 15〕吾人資靈明之心則可知性理藏仁、義、禮、智之實，從而體悟元、亨、利、貞之天道，船山曰：

> 天與人以仁義之心，只在心裏面。惟其有仁義之心，是以心有其思之能，不然，則但解知覺運動而已。……故思則已遠乎非道而即仁義之門矣！是天之與我以思，即與我以仁義也。此從乎成性而言也。故「思」之一字，是繼善、成性、存存三者一條貫徹梢底大用，括仁義而統性情，致知格物，誠意正心，都在者上面用功夫。（《讀四書大全說》，卷十，頁 23）

心統性情，心除主知覺運動之「人心」作用外，尚有更可貴之「思」之作用，

〔註 12〕　《周易內傳》，卷六，頁 31。
〔註 13〕　《周易內傳》，卷六，頁 26。
〔註 14〕　《周易外傳》，卷五，頁 17。
〔註 15〕　《周易內傳》，卷三，頁 4。

思之作用由仁義之心所發，心有靈明之「思」，故能知藏於性中之天理，而人創發道德價值乃成為可能，人之所以為萬物之靈，其與禽獸之界線乃顯。《周易》所言「繼善」、「成性」、「存存」及《大學》所言「致知」、「格物」、「誠意」、「正心」等修養法，皆可會貫於「心」上用功夫。「道心」之性，既為萬善萬理之所藏，吾心之動幾與物之來幾相感應時，若能以道心為主宰，發揮其「思」之作用，因交感之時位，本性理之正以應對之，使其合當然之則，則可成乎善。是以，盡心者盡心之思，吾心若能奉性而盡思之職責，則可實現無窮之性理，吾人據此可知盡心知性，導情應物以實現道德價值之重要性，故船山曰：

> 是故奉性以著其當盡之職，則非思而不與性相應；窮理以復性於所知，則又非思而不與理相應；然後心之才一盡于思，而心之思自足以盡無窮之理，故曰：「盡其心者，知其性也。」（《讀四書大全說》，卷十，頁 32）

三、由性之存養、擴充，情之省察，言奉性盡心之修為

船山會通六經以解《易》，其於《周易內、外傳》釋心性之修為，可與其所註其他經書相互發明，船山曰：

> 極性命之原於易之道以明，即性見易而體易，乃能盡性於占而學易之理備矣。根極精微，發天人之蘊，六經語孟，示人知性知天，未有如此之深切明著，誠性學之統宗，聖功之要領。（《周易內傳》，卷五，頁 16）

故，吾人於此探討其奉性盡心之修養論，不妨依其所註「六經論孟」之言說，相互解釋以彰明其論旨。依前論，船山論性因心之動而發情，若「道心」能為主宰，發揮思之作用，奉性理導情才於正，以應物之來感，若性理流露明著，則可實現「善」之道德價值。船山據此而言盡心、知性、導情應物之重要，從而強調善性之存養與情之省察，其曰：

> 至靜之中而動幾興焉，則知無不明，而行無所待矣。蓋靜而存養之功已密，則天理流行，而大中至正之則，炯然不昧，故一念甫動，毫釐有差，則與素志相違而疾喻其非，隱而莫見，微而莫顯，省察之功易而速矣。故愚嘗謂庸人後念明於前念，君子初幾決於後幾。後念之明，悔之所自生也。初幾則無事於悔矣！不睹不聞之中，萬

理森然，而痛癢自覺，故拔一髮而心爲之動，此仁之體也；於靜存

之，於動著之也。（《周易內傳》，卷六，頁 14）

依船山之意，吾人於心性之修養中，存養與省察交互爲功，靜以存養，動以
省察，於盡心知性，皆極爲切要。吾人若將處於靜之性體，密予存養，則性
體因心之動而發情時，心所萌生之一念縱使有毫釐之差，然於其「隱而莫見，
微而莫顯」之際，當下即可研其幾微而省察其非。「君子初幾決於後幾」，愼
於始，謹於微，所謂「愼於獨而天德全」，〔註16〕放之於日常生活則君子「爲
仁由己」，以誠之幾御官骸嗜欲而使之順，即視聽言動而審於幾微，一念初動
即此而察識，若能循此以存養擴充之，則條理皆自此而順成，不至於有過而
有悔，蓋船山曰：「人心初動之幾，天性見端之良能」，〔註17〕故君子初幾明
於後幾，係因天理在人心之中，即一念之動以剛直擴充之，則可與天地合其
德矣。修德之君子善用其心之幾，善用其性之理，乃能成乎德業而得天下之
理，故船山曰：「聖學審於研幾」（《周易內傳》，卷四，頁 9）。

蓋君子初幾明於後幾，故船山以存養爲聖學之本，省察居輔助之功，而曰：
「存養與省察交修，而存養爲主。」〔註18〕而其所謂存養者，實指存心與養性，
存心爲養性之資，養性則存心之實，存養者，實爲正心奉心之功夫，船山融通
《中庸》與《大學》之修養而謂《中庸》所謂之「存養」，乃《大學》所言之「正
心」，而《中庸》所謂之「省察」，乃《大學》所言之「誠意」。其曰：

《中庸》之言存養者，即《大學》之正心也；其言省察者，即《大
學》之誠意也。《大學》云：「欲正其心者先誠其意」，是學者明明德
之功，以正心爲心，而誠意爲正心加愼之事。（《讀四書大全說》，卷
三，頁 35）

存心養性，扼要言之，乃正心也，正心之實在功夫，雖各家說法不一，卻實
指一事，即求正心以修德成善，船山曰：

然則正心之實功何若？孔子曰：「復禮」，《中庸》曰：「致中」，孟子
曰：「存心」，程子曰：「孰持其志」，張子曰：「瞬有存，息有養。」
朱子曰：「敬之直以」，學者亦求之此而已矣。（《禮記章句》，卷四十
二，頁 13）

〔註16〕《周易內傳》，卷三，頁 49。
〔註17〕《周易內傳》，卷四，頁 10。
〔註18〕《讀四書大全說》，卷八，頁 27。

靈明能思之心與藏仁、義、禮、智之「性」，爲天理流行之著明處，亦爲人之所以爲人，人之異於禽獸而能創發道德價值之眞實性命。若吾人能緊扣於茲，深刻自覺以體認之，存養省察之，此尊貴之光明本體，來安心立命，衍生道德價值，下學而上達，則吾人生命之意義與價值始有立足之地、表現之處。因此儒家諸子多於此「焦點」來談修身養性，雖孔子曰：「復禮」，《中庸》曰：「致中」，《孟子》曰：「存心」，程子曰：「孰持其志」，朱子曰：「敬以直之」，其表詮之方式不同，然其所欲通達之目標──「止於至善」，則可謂一致矣。由於此人之所以爲人之內在本質，不可須臾分離，故孔子曰：「君子無終食之間違仁，造次必於是，顛沛必於是。」（《論語・里仁篇》）張載曰：「瞬有存，息有養。」存養、省察、擴充之實功不可一日廢也，故船山以誠、敬、持志勿忘，及主於一以「耳提面命」，要求學者正心養性。茲分述如下：

（一）誠

所謂誠者，不僅爲眞實無妄之實有，[註19] 亦可表示一種徹首徹尾之修養態度，此處意指以眞摯懇切之態度，忠實於心性之存養與省察。船山曰：

> 靜而戒懼於不覩不聞，使此理之森森然在吾心者，誠也。動而慎於隱微，使此理隨發處一直充滿，無欠缺於意之初終者，誠也。（《讀四書大全說》，卷九，頁7）

是以，靜以存養固爲誠，動以省察亦爲誠，若動不以誠，則私意妄作而爲不善。故不論動靜，其存養省察，皆防邪而一誠於善，是以，船山曰：

> 「誠」者，心之所信，理之所允，事之有實者也。（《周易內傳》，卷一，頁12）

（二）持志勿忘

「持志勿忘」者，意指持存心養性之志，持之又持之，恆無止息之時，以期心常存於正，永不違仁而集義以合乎正。如是，心存而後身可修，德可存，船山曰：

> 敬以直之，存心之實功，持志而勿忘之密用也。心常存，常存於正也。正者，仁義而已矣！常存者，不違仁而集義也，孔子曰：「操則存」，此之謂爾。（《禮記章句》，卷四十二，頁11）

[註19] 船山曰：「誠也者，實也。實有之，固有之也。」（《尚書引義》卷四）又曰：「性，誠也」（《讀四書大全說》，卷十，頁31）。

船山將「正」釋爲「仁義」，吾心常存乎正，則自然不違仁背義，而可行仁踐義以實現道德價值，存心養性既與生命共常久之事，則必堅定志向，志定則盡性之人道可從。持志以保仁義之「正」，則「得志得正而吉矣！」〔註20〕若一曝十寒，不能持之以恆，則猶杯水車薪，何足議也！故船山曰：

> 稱君子者，諒其志之終正，尚爲君子。（《周易內傳》，卷三，頁41）

又曰：

> 君子之志，所以不可奪也。（《周易內傳》，卷四，頁21）

船山且於《周易》「繼善成性」處，謂天以繼而生不息，人以繼而道不匱，勉人法「終日乾乾、夕惕若厲」之龍德，不論終身之永或終食之頃，恒正心盡性，繼天之善以成性存存，一言以蔽之，即堅持其志而勿忘養也，其曰：

> 《易》曰：「繼之者善也」，天以繼而生不息，日月、水火，動植、飛潛，萬古而無殊象，惟其以來復爲心也。人以繼而道不匱，安危利害，吉凶善敗，閱萬變而無殊心，惟其以勿忘爲養也。……終身之念，終食無違，此豈非「終日乾乾、夕惕若厲」之龍德乎？……瞬有養，息有存。其用其繼，其體在恒，其幾在過去未來現在之三際。（《尚書引義》，卷五，頁16）

（三）主於一

船山於區別君子之道與小人之道時，謂君子立身處世，奉「一」以爲本，以循天理。蓋主於「一」而統萬行、萬事，則萬目從綱，有條不紊，可行乎萬變而皆順。而小人之道，則理欲交戰，不足於義而歉於中，其曰：

> 君子之道，主一以統萬行，以循乎天理，極其變而行之皆順，充實於內也。小人之道，義利、理欲兩端交戰，挾兩可之心以幸曲全，而既不足於義，必失其利，所歉於中者多矣。（《周易內傳》，卷六，頁9）

所謂「一」者，對天而言，指天理，對人而言，指合仁義之性命，或曰「仁」，或曰「正」，表詮之方式雖不同，實則一也。君子係以「一」立「中」，船山曰：

> 君子以人事天，小人以鬼治人。以人事天者，統乎大始，理一而已。理氣一也，性命一也，其繼也，合於一善而無與爲偶。故君子奉一以爲本，原始以建中。（《周易外傳》，卷六，頁6）

〔註20〕《周易內傳》，卷四，頁51。

所謂中者，存誠也，正也，防邪也。船山曰：

> 在天者即爲理，在命者即爲正。（《周易內傳》，卷五，頁 10）

又曰：

> 中斯正矣，故曰「正中」。……剛健以「閑邪」，執中以「存誠」，閑
> 邪則誠可存，抑存誠於中，而邪固不得干也。程子以「克己復禮」
> 爲〈乾〉道，此之謂也。（《周易內傳》，卷一，頁 12）

中則正也，而正者，仁義也。乾卦九三爻曰：「君子終日乾乾，夕惕若厲，
無咎。」船山註曰：「乾乾，乾而又乾，健之篤也。惕若，憂其行之過，健
而有戒也。厲，危也。凡言無咎者，並宜若有咎而無之也。」（《周易內傳》，
卷一，頁 4）故君子之立身處世，心常存於中正，潔身自重，時時自我警惕
而審愼，唯恐冒犯過失而有咎，其行爲舉止雖有處於榮辱、貴賤、安危之殊，
喜、怒、哀、樂之異情，然其安身立命之基礎一本於誠：此處之誠，當指性
也，船山曰：「性，誠也。」〔註 21〕不論爲執中正以存誠而防邪，或存誠於
中使邪不得干犯，其存心養性之縝密，省察治情之嚴謹，當時時不忘，刻不
容緩，故船山曰：

> 滋之無窮之謂恆，充之不歉之謂誠，持之不忘之謂信，敦之不薄之
> 謂仁，承之不昧之謂明。凡此者，所以善也。則君子之所以爲功於
> 性者，亦此而已矣。繼之則善矣，不繼則不善矣！（《周易外傳》，
> 卷五，頁 14）

　　是以，船山視《易》爲盡性之書，從消極方面而言，則代天詔人，迪之
於寡過之塗，由積極方面而論，則君子所守者，至正之理，盡心盡性，止於
至善而後德以明，民以新，其德合於天，其道至於聖人矣！

（四）擬議精微之《易》理以致用崇德

　　夫學《易》者，由「繼善成性」以明天人相貫通之理，從而存心養性，
盡人事以求合乎天德，而《易》之義類深遠，探賾索隱，彰往而察來，顯微
闡幽，鉤深致遠。是以，聖人極深而研幾，君子密察天人之道，察乎天下無
窮之變，陰陽雜用之幾，精研其義以入神，即象以見理，即理之得失以稽疑
而定占之吉凶，靜存動察，躬行擬議，體之於日用以致用崇德，從而行乎修
己治人，撥亂反正之道，以期上達天德，實現完美人格。《易》云：

〔註21〕見註 19。

精義入神，以致用也。利用安身，以崇德也。過此以往，未之或知
也。（《周易‧繫辭下傳》第五章）

船山註曰：

「致用」「崇德」，君子之所思慮者，此而已矣，以其爲同歸一致之
本也。……「精義」者，察倫明物，而審其至善之理，以合於吾心
固有之制，非但徇義之迹而略其微也。「入神」者，義之已精，不但
因事物以擇善，益求之所以然之化理，而不測之變化皆悉其故，則
不顯之藏昭徹於靜存，而與天載之體用相參也。此靜而致其思慮於
學修，無與於外應之爲，而致之用者有本而不窮，張子所謂「事豫
吾內，求利吾外」也。「利用」者，觀物之變而知之明、處之當，則
天下之物，順逆美惡，皆惟吾所用而無有不利。「安身」者，隨遇之
不一，而受其正，盡其道，則素位以行而不憂不惑，無土而不安；
則動而出應乎天下，非欲居之以爲德，而物不能亂，境不能遷，則
德自崇，張子所謂「素利吾外，致養吾內」也。（《周易內傳》，卷六，
頁11）

天道無心無擇而大化流行，生機洋溢，人道有辨，契合易理以配天德，所以
安身者，蓋受其正，盡其道，樂天安土以不憂不惑，吾人依此以立命。所以
利用者，觀物之變而知之明，處之當，換言之，吾人研精微之易理，至乎神，
方能應物而通，《易‧繫辭》曰：「窮神知化，德之盛也。」子曰：「知幾其
神乎……幾者，動之微，吉之先見者也，君子見幾而作，不俟終日。」船山
曰：

「神」者化之理，同歸一致之大原也；「化」者神之迹，殊塗百慮之
變動也。致用崇德，而殫思慮以得貞一之理，行乎不可知之塗而應
以順，則「窮神」。……不以私智爲之思慮，則「知化」。此聖人之
德所以盛也。蓋人之思也，必感於物而動，雖聖人不能不有所感，
而所感於天人之故者，在屈信自然之數，以不爲信喜，不爲屈憂，
乃以大明於陰陽太極，同歸一致之太和。不然，則但據往來之迹以
爲從違而起思慮，則於殊塗百慮之中逐物之情僞，朋而從之，是感
以亂思，而其思也，適以害義而已。夫子引申以極推其貞妄之由，
爲聖學盡心之要。（《周易內傳》，卷六，頁11～12）

聖人之所以能致用易理以安身立命，修日新之盛德，蓋能盡其心官思慮之功

能，窮神，知化，明察在宇宙萬象流轉、殊塗百慮之變動中，隱然存有陰陽太極同歸一致之太和。蓋清剛和順之德既不息於兩間，則易之爲道雖屢遷，然而上下秩然成章，陰陽相比而定位，則道有常也。是以，吾人可主一貞常而應萬變，窮人情物理，不俟終日，故君子之思慮者，思「德」之何以崇，慮「義」之未能精。易之致用崇德廣業，既與天地之德相彌綸，故君子擬議易理，由觀變、觀象以玩其占與辭，研其幾，精其義，以修德砥行而成善，是以《易》云：

> 六爻之動，三極之道也，是故君子所居而安者，《易》之序也；所樂而玩者，爻之辭也。是故君子居則觀其象而玩其辭，動則觀其變而玩其占，是以自天祐之，吉無不利。（《周易·繫辭上傳》第二章）

船山註曰：

> 初、二，地位；三、四，人位；五、六，天位。每位必重，氣之陰陽、形之柔剛、性之仁義，交至而成乎全體大用也。然而不能皆見於用，故一時之所值，一事之所占，則道著焉。當其時，處其地，擇其進退，天之災祥、地之險易、人事之順逆因而決焉。三極得失之理，於斯顯矣。（《周易內傳》，卷五，頁7）

又曰：

> 知其不可過而無越思，「居」者，守之以爲恒度。「安」者。「序」謂剛柔消長之次序。「樂」者，不驚其吉，不惡其凶。「玩」，熟求其所以然之理也。「觀象玩辭」，學《易》之事。「觀變玩占」，筮《易》之事，占亦辭之所占也。承上文而言，《易》因天道以治人事，學之以定其所守，而有事於筮，則占其時位之所宜，以愼於得失，而不忘憂虞，則進退動一依於理，而「自天祐之，吉無不利」矣。（《周易內傳》，卷五，頁7）

宇宙爲一有機整體，人與天地淪肌浹髓以相涵，與萬物共呼吸。「易」廣大悉備，統三才之道，括二間之化理，同歸一致於清剛和順之太和——即太極。命之降，性之發，各因乎動幾而隨時相應以起，卦以順性命而利人之用，一事一物皆有全理而動以其時，故必兼之，而後三極得失之理於斯顯焉，蓋「一時之所值，一事之所占，則道著焉，當其時，處其地，擇其進退，天之災祥，地之險易，人事之順逆，因而決焉。」故君子居而安者，易之序，察其序，觀其象而玩爻之辭，動則觀其變，占其時位之所宜，愼於易理之得失，而使言行進

退，一依於理而無咎。船山主張占學一理，即象見理，即理之得失，以定占之吉凶，通吉凶得失於一道以爲義，其得失以準乎仁義之理而作善或不善之價值判斷，合仁義者，則爲得理、得善，而謂之「得」或「吉」，不合仁義者，則未得理，未得善，而謂之「失」或「凶」（其義請見本論文第二章第五節）。蓋依船山之觀點，聖人作《易》以詔吉凶而效人之大用者，皆祐人性分之所固有以獎成其德業也。修者，則得理得仁義而謂之「吉」；悖之者，則失理失仁義而謂之「凶」。其「吉凶」言理之得失也。船山曰：「此夫子所以自謂卒學《易》而後可無大過也。」（《周易內傳》，卷五，頁 14）。

依船山之意，依人事之理而言之，則其所謂「卦」者，意指事物之定體。其所謂「爻」者，指一時一事，變動之幾也。船山曰：

> 卦者，事物之定體。爻，其一時一事之幾也。（《周易內傳》，卷五，頁 18）

其所謂「象」者則云：

> 「象」謂〈大象〉。物之生，器之成，氣化之消長，世運之治亂，人事之順逆，學術事功之得失，皆一陰一陽之錯綜所就，而宜不宜者因乎時位，故聖人畫卦而爲之名，繫之〈象〉以擬而象之，皆所以示人應天下之至賾者也。（《周易內傳》，卷五，頁 18）

其所謂「變」者，則云：

> 「變」，以卦體言，則陰陽之往來消長；以爻象言，則發動之時位也。（《周易內傳》，卷五，頁 26）

其所謂「辭」者，則云：

> 辭，其立言之義也。（《周易內傳》，卷五，頁 26）

《易》云：「辭也者各指其所之」（〈繫辭上傳〉第三章）船山註曰：

> 指，示也。之，往也。使因其所示而善其行也。張子曰：『指之使趨時趨利。』順性命之理，臻三極之道是也。（《周易內傳》，卷五，頁 9）

其所謂「六爻之義」者，則云：

> 義者，理著於辭也。（《周易內傳》，卷五，頁 30）

是故，吾人由變化之觀點而言，宇宙萬象千差萬別，人生活其中，與天地萬物相感應，「卦有大小，辭有險易」。〔註 22〕人事有種種不齊，吾人當

〔註 22〕船山曰：「小大因象而異，其繫於世道之盛衰，治理之治亂，天道聖學之體用，

務其大以致遠，研幾精義，謹小愼微以明微，知其易而安於常，知其險而不憂其變，奉天道以盡人能於進德修業，此乃易爲君子謀也。易道之切於人用大矣哉！故君子居而學易理，動則占其時位，會通其所遇之動，適當如此而行其常法，船山曰：「會通者，在一時一事而必因時以求當，其不易之大法，則典禮無不行矣。」〔註23〕換言之，君子即卦象爻辭，變而通之以盡聖人之意，而善利其用也。然則其欲見聖人之意以盡易之理者，不僅只求之於象爻之辭，且必存乎其德行，修德砥行，體仁合義，自與易契合。如是，盡人道而配天地之德，自可善天下之動，且其行仁踐義化消私意、私欲，自可日進於盛德。然則易理之致用崇德，落實於日常生活中，則必愼於微，擬議於事前，審察觀度，因時、因事、因地、因人之宜而研幾察微，貞吉與否於此辨焉，君子由是得先見之明而以之言動行止，期實現「善」之道德價值，故船山曰：

> 學之所以善其言動，惟在詳於擬議而已。「擬」者，以己之所言，絜之於《易》之辭，審其合否。「議」者，詳繹其變動得失所以然之義，而酌己之從違。成其變化，言動因時，研幾精義，則有善通乎卦象爻辭，而惟其所用，無所滯也。自此以下，所引申爻辭而推廣於修己治人之道，皆擬議之精，變化之妙也。（《周易內傳》，卷五，頁19）

而擬議所最切近者，則在於言行，《易》曰：

> 言出乎身，加乎民，行發乎邇，見乎遠。言行，君子之樞機。樞機之發，榮辱之主也。言行，君子之所以動天地也，可不愼乎！（〈繫辭上傳〉第八章）

言行對君子而言，乃享受光榮抑蒙受羞辱之樞機，所謂樞機者，船山註曰：「樞，戶樞啓閉之主。機，弩牙存發之要也。」〔註24〕就言與行之比較而論，則言之出也速，通塞之機決於頃刻之間而不可復收，諺云：「一言既出，駟馬難追。」言之出於口猶水之潑於地，可發而難收也。至於行則其出也漸，初不測也，待事之成而人乃見其功。船山本《論語》：「君子欲訥於言而敏於行」之教，而曰：

而象有之則大。其他一事一物之得失，如噬嗑、賁、家人、革、井、歸妹之類則小。卦純則辭易，如『潛龍勿用』、『直方大』之類。卦雜則辭險，如『荷校噬膚』、『載鬼張弧』之類。」（《周易內傳》，卷五，頁8）

〔註23〕《周易內傳》，卷五，頁18。
〔註24〕《周易內傳》，卷五，頁19。

故聖人教人，屢以慎言爲戒，而行則惟勸之以敏。知塞者，不塞之於行，而塞之於言，則知塞而知通矣。不憂天下之不孚矣，何失身害成之憂哉！此尤擬議切近之實功也。（《周易內傳》，卷五，頁21）

擬議易理於致用崇德，其義精矣！君子於易也，取法各有其時，時者，莫能違也。謹始慎微，研幾察理，因其時合其仁義，因時守約，以時進德。《易·乾·文言》曰：「終日乾乾與時偕行」、「君子進德修業欲及時也，故無咎。」君子之於德也，期至於高明廣大之域，以止於至善而與天合德。於易各有取，於學各有時，知幾存義一因其時，而不懈其健行惕若之心，以此履危則無咎矣！積小以高且大，守卑邇以求漸，猶流水之不舍晝夜，盈科而後進矣！是故船山曰：

夫聖人之學《易》，垂訓以詔後學者，非一卦之足以該全。學各有所取而並行不悖。聖學之所以大中至正而盡乎人性之良能也，守卑邇以求漸，至是欲變彀率以使企及也，務高大而勿於微，是不待盈科而求盈溝澮也。（《周易內傳》，卷三，頁49）

第三節　廣業之道

一、法乾坤化育之德以參天地之化育

一陰一陽之道，發乾健坤順之德，賡續不絕以化育萬物，道生善，善生性，其所發育之萬物中，最爲靈貴者，人也。蓋一陰一陽之道爲易之蘊而具於人性之中，人之能盡其性而德盛業大者，乃此易理成於人性之中所表彰之功。船山曰：

人者，天地之所以治萬物也，……人者，天地之所以用萬物也。（《周易外傳》，卷六，頁3）

一陰一陽健順知能之德，繼之於人，成乎人之性（人性藏仁、義、禮、智諸善端），而人與天地萬物血脈相連，息息相關，融合爲旁道統貫之廣大合諧整體，人賴天地以生，天地賴聖人以大，船山曰：「天地之德，亦待聖人而終顯其功。」〔註25〕是以，《周易》所啓示之人生意義，在於吾人能體天地之大德，效天地健順之德能，於崇德廣業之歷程中，參贊天地之化育。由是，一則治

〔註25〕《周易外傳》，卷六，頁3。

理萬物，使其各得其所，各遂其生，以增進宇宙之生命；二則藉成全人物之生命，以克盡一己尊貴之善性，實現光輝之生命意義與價值，而臻於與天合德之聖人人格。故船山曰：

> 聖人作《易》，君子占焉。所以善用其陰陽於盡人事，贊化育之中。
> （《周易內傳》，卷六，頁 22）

聖人作《易》，《易》卦具六爻之位，著天、地、人三才之道，以裨益學《易》者擬議易理，配天道盡人事，以成參贊化育之大業。《易》統天道、人道以立教，乾坤為天人之統，以全《易》言之，則乾坤並建以為體，六十二卦皆乾坤之用。依船山之解釋，乾坤之德於繼善成性後，具於人性中，其曰：

> 乾坤之德，人生而性皆具。（《周易內傳》，卷五，頁 5）

又曰：

> 易統天道、人道以著象而立教，而其為天人之統宗，惟乾坤則一也。
> （《周易內傳》，卷五，頁 17）。

吾人若能極性命之原於乾坤之道，則可即性見易而體易，是以，吾人當精研乾坤之義，法乾坤生生之大德，以體之於崇德廣業之歷程，則可起參贊天地化育之功矣！為言說之方便計，茲分述法乾之德、法坤之德，以及參天地之化育於後：

（一）法〈乾〉之德

天地為乾坤之法象；天地者，象也。乾坤者，德也。〈乾·文言〉曰：「大哉乾乎，剛健中正，純粹精也。」船山註曰：

> 此言元之所以統四德，惟其為乾之元也。「中正」以二、五言。絲無疵纇曰「純」，米無糠粃曰粹「，」謂皆陽剛一致而不雜陰之濁滯也。陰凝滯而為形器，五行已結之體，百物已成之實，皆造化之粗迹，其太和清明之元氣，推盪鼓舞，無迹而運以神，則其精者也。乾之為德，一以神用，入乎萬有之中，運行不息，純粹者皆其精，是以作太始而美利咸亨，物無不正。在人為性，在德為仁，以一心而周萬理，無所懈，則無所滯。君子體之，自彊不息，積精以啟道義之間，無一念利欲之間，而天德王道於斯備矣。（《周易內傳》，卷一，頁 16）

「乾」為陽氣所顯發之剛健德能。乾元統元、亨、利、貞之德，乃具創生作用之純粹「精」者。其至健而生生之德，入萬物之中，無大不屈，無小不至。

其所化生之物，物物皆各得其性分之正，在天曰「仁」，在人曰「性」，性涵於心，則心備萬理。君子盡心知性以知天，法〈乾〉元剛健中正之德，以自強不息於進德修業，剛則莊敬自強，中則「不競不絿」（《詩・商頌》）。對君子而言，天一元之化，人一善之集，一日之修，相續相積，無時非自強之時，成性存存以啓道義之門。

　　然而人德與天德如何來通達條貫，由法天德而盡人德，由人而天？則船山闡釋乾〈文言〉傳之一段言語，可資吾人參考，乾〈文言〉曰：

> 元者，善之長也，亨者、嘉之會也，利者，義之和也，貞者，事之幹也。君子體仁足以長人，嘉會足以合禮，利物足以合義，貞固足以幹事。君子行此四德者，故曰「乾，元、亨、利、貞」。

船山註曰：

> 乾坤爲易之門，詳釋其博通之旨。然以此推之，餘卦之義類可知矣。元、亨、利、貞者，乾之德，天道也。君子則爲仁、義、禮、信，人道也。理通而功用自殊，通其理則人道合天矣。「善之長」者，物生而後成性存焉，則萬物之精英皆其初始純備之氣，發於不容已也。「嘉之會」者，四時百物，互相濟以成其美，不害不悖，寒暑相爲酬酢，靈蠢相爲事使，無不通也。「義之和」者，生物各有其義而有其宜，物情各和順於適然之數，故利也。「事」謂生物之事。「事之幹」者，成終成始，各正性命，如枝葉附幹之不遷也。此皆以天道言也。「體仁」者，天之始物，以清剛至和之氣，無私而不容已，人以此爲生之理而不昧於心，君子克去己私，擴充其惻隱，以體此生理於不容已，故爲萬民之所託命，而足以爲之君長。「嘉會」者，君子節喜怒哀樂而得其和，以與萬物之情相得，而文以美備合禮，事皆中節，無過不及也。「利物」者，君子去一己之私利，審事之宜而裁制之以益於物，故雖剛斷而非損物以自益，則義行而情自和也。「貞固」者，體天之正而持之固，心有主而事無不成，所謂信以成之也。此以君子之達天德者言也。（《周易內傳》，卷一，頁 11）

　　天人之際，一陰一陽之道未繼善成性之前，爲元、亨、利、貞之天道，既繼之後爲仁、義、禮、信之人道，在天爲「元」，在人爲「性」，在德爲「仁」，天以其太和清明之元氣，在善之價值創造中始生萬物，各命以其所應得之正，

其所賦予物之性者爲物之「精」，即該物之所以爲該物之本質，此乃「元者，善之長也」。

物類雖繁，人事雖賾，然而乾元之化生，生生而有條理，其健行不容已之情，行乎萬變，貫徹於萬物，在旁道統貫之整體宇宙中，萬物和諧並育，相輔相成，此之謂「亨者，嘉之會也」。

其所涵之條理，隨物而益之，所生之物，各有其義而各得其宜，萬物各安其本然之性情以自利，此謂「利者，義之和也」。

其化生萬物定萬物之性，成終成始皆正而固存萬物之性，使萬物得以各正其性命，猶枝葉附幹之熨貼，此謂之「貞者，事之幹也」。

元、亨、利、貞合之以萬物之生成而言，則萬物由元德而始生，由亨德而成長，由利德而遂養，由貞德而完成。乾元、亨、利、貞之天德，若配之以人德而釋之，則：

君子「體仁足以長人」者，乃指天以清剛至和之氣，無私而不容已地普生萬物，人秉受天德爲人生之理而不昧於心。君子於其心初動不容已之幾，當下體認內在之仁體而審愼地予以存養省察，步步擴充，層層彰顯流露，盡其性以盡人物之性，修己治人，以啓道義之門，故爲萬民之所託而天德王道於斯備矣。

君子「嘉會足以合禮」者，朱子嘗曰：「禮者，天理之節文，人事之儀則。」（《四書集註》，《論語・學而篇》注）船山曰：

　　勉其不足之謂文，裁其有餘之謂節。節文著而禮樂行，禮樂行而中
　　和之極建。（《周易外傳》，卷一，頁6）

人與群倫共處，與萬物相酬酢，其欲和諧相處，則必須有條理可循。禮可謂行德之規範，爲人性優美表現之依據，亦係社會秩序之所依。蓋禮者，義之顯於事也。義者，宜也。合乎禮則中節度，宜人宜事宜物，而無過或不及也。

君子「利物足以合義」者，利者，利物合義，功之遂，事之益也。義者，宜也。船山曰：「義，資以知制之宜」（《周易外傳》，卷一，頁2），合而言之，君子秉公正之原則，審事之宜而裁制之，利益萬物，使物各得其宜，則義行而萬物和諧共處。《論語》有云：「君子喻於義，小人喻於利。」（〈里仁〉）、「利物足以合義」者，乃融合利義，相互調和，利者合義以利物，義安處即爲利，因物之宜以利物。

君子「貞固足以幹事」者，貞者，正也，常也。〔註26〕因乾之正、乾之

────────────────

〔註26〕船山曰：「貞，正也，常也。」（《周易內傳》，卷六，頁4）。

常而萬物得以生成，《程傳》曰：「貞者，萬物之成。」合而言之，君子體乾道之化育，具足貞正之德，以成就萬物之生，因而知貞之正、貞之常而持守之固，若能知正而持之謹，行之不息，則事無不濟，物無不成。船山認爲元、亨、利、貞以人事合而言之，則仁、禮、義、信，推行於萬事萬物，無不大亨而利正。蓋四德盡萬善，而一本於乾道，故君子正心盡性，正天道之純，以助天之化育，以修成聖德，而上達天德，止於至善。

　　乾卦中最足吾人體認與效法，以資從事於外王事業者乃九五爻辭：「飛龍在天，利見大人」一語。蓋九五乃乾之盛也，所謂「飛龍在天」者，意指得天之正位而不過，爲天好生之大德，行敦化之時。

　　船山註曰：

　　　　純乾之德，積清剛而履天位，天下莫測其所自，在己亦非期必而至，
　　　　惟不舍其健行，一旦自致，故爲「飛」之象焉。豁然一貫而天德全，
　　　　天佑人助而王業成，道行則揖讓而有天下，道明則教思垂於萬世，
　　　　占者弗敢當，學者亦弗敢自信，故爲聖人作而天下「利見」之之象。
　　　　惟君子爲能利見之，則雖堯、舜、周、孔之已沒，樂其道而願學焉，
　　　　亦利見也。（《周易內傳》，卷一，頁 5）

君子法純乾之德，至剛至健，「剛」則正直而不雜乎私欲，以公正待人治世，「健」則體天德之健行以進德修業，自強不息，天佑人助而業成道行，政教昌明，德惠普及天下，正萬物之性命，正萬事之紀綱，使萬物萬事各如其分，各行其所，天下之人因此利見之，猶《論語》曰：「爲政以德，譬如北辰，居其所而眾星共之。」（《論語・爲政篇》）孟子云：「居仁由義，大人之事備矣。」（《孟子・盡心上》）故「飛龍」者，乃大人合天剛健中正之德。

（二）法〈坤〉之德

　　坤〈大象〉曰：

　　　　地勢坤，君子以厚德載物。

　　船山註曰：

　　　　「勢」，形之勢也。地形高下相積，而必漸迤於下；所處卑，而物胥
　　　　託於其上；皆大順之象也。重坤者，順德之厚也。君子體坤之德，
　　　　順以受物，合天下之智愚貴賤，皆順其性而成之，不以己之所能責
　　　　人之不逮，仁禮存心，而不憂橫逆之至，物無不載也。（《周易內傳》，
　　　　卷一，頁 20）

陰陽交感而萬物生焉，陰資陽以始，陽藉陰之材以生萬物。以乾坤之德能言之，則坤〉順承乾元之創生作用，聽任陽施而配合無間，助陽之施而凝成萬物，厚載之，且持養之。《周易》由高遞漸而低之地勢，象坤之柔順。再者大地之載物，象坤順受乾所施生之萬物，普載而無遺。君子法坤道委順以承乾，厚載萬物而無疆之大德，以爲自身立德之本，敬以待物，恕以容物，以修養厚德載物，博施濟眾，無偏無私之順德，以寬宏大度，行遠而廣大其富有之業。

坤卦中，最足吾人持守以應外王事業者，乃坤六二爻辭中所云之「直方大」。所謂致「直方」者，坤〈文言〉曰：「直其正也。方其義也。君子敬以直內，義以方外。」船山註曰：

> 存之於體者曰「正」，制之於事者曰「義」，「內」以持己言，「外」以應物言。主敬則心不妄動，而自無曲撓，行義則守正不遷，而事各有制；天下皆敬而服之。（《周易內傳》，卷一，頁 24～25）

「體」者乃吾人心思之官，即船山所謂之「道心」、「性體」，孟子所謂之「大體」，以敬持心，則心直而正。正者，仁義之存也。心恒正則恒存仁義，當心受外物之感動而應外物時，發揮主宰之作用，藉思慮判其是否合乎仁義而取舍之，合則宜而取之，不合則不宜而舍之，此乃「行義則守正不遷，而事各有制」。行仁義於天下，以德服民心，人心悅服，則天下皆受其德澤而皆敬而服之，王道之事業由此而彰。此《論語》所謂：「德不孤，必有鄰。」（《論語·里仁》），孟子謂：「仁者無敵於天下」也（《孟子·盡心下》）。故「直方」者，君子法坤德以修己治人者也。

君子法乾坤之德以修己治人，是以，船山曰：

> 修己治人，道之大綱盡於乾坤矣。（《周易內傳》，卷一，頁 9）

（三）參天地之化育

《周易》自首建乾坤，該盡全《易》之理，而立天德，爲王道之極致。因此船山認爲學《易》者若能體會乾坤之德能，而行之於崇德廣業之道，實現仁、義、禮、智之性理，則可參天地之化育與天地合德矣！

人之性命雖原於易道，奉性盡心雖可見易而體易，然而依前章船山道生善，善生性；道大，善小；善大，性小之說，是以「天道有餘，而人用不足，行法以俟命者，非可窮造化之藏」，〔註27〕是故人雖參天地之化育，卻與天地

〔註27〕《周易內傳》，卷五，頁 24。

有別，船山曰：

> 體相因而用有殊，天地之變化用其全，而人之合天者有裁成之節也。
> （《周易內傳》，卷五，頁21～22）

一陰一陽之道於未繼之前爲元、亨、利、貞之天道，既成而後爲仁、禮、義、信之人道，在天曰元，在人曰仁，聖人雖能盡人道，贊天地之化育，以合天地大生之德爲至德，然而天道無私無偏，故無心無擇以成化，普生萬物，周徧而無遺，無大不屆，無小不至。然因天道有餘，人用不足，故人不能全肖天地無心無擇而成化之大用，因而有辨且有擇。船山曰：

> 在未繼以前爲天道，既成而後爲人道，天道無擇，而人道有辨。（《周易內傳》，卷五，頁14）

又曰：

> 天地無心而成化，故其於陰陽也，泰然盡用之而無所擇。晶耀者極崇，而不憂其浮也，凝結者極卑，而不憂其滯也。聖人裁成天地而相其化，則必有所擇矣。故其於天地也，稱其量以取其精，況以降之陰陽乎！（《周易外傳》，卷五，頁16）

聖人肖陰陽化育之德，而天地所以資人用之量者廣矣！大矣！人之肖用天地者，隨天地之隱見以爲之量，陰陽之繁然富有，皆其所效盡其用。聖人者，非必於陰陽而斤斤刻肖之，天道周徧，無心而成化，陰陽之富有而不竭，故無匱而不給之憂。至於聖人則念天道之無窮，而個己知能之有限，窮理盡性，與萬物同憂而以爲功，於成己、成人、成物之德業，持匱而不及之患，孳孳爲善而恐有所不及，節宜萬物而酌酌用之，竭其知能，權宜施用於仁義。聖人以此效天地生物之大德，故其肖天道，而贊助其化育之功，有所辨，有所擇，稱其量以取其精，以成己、成人、成物，求進其德而廣其仁愛。故船山曰：

> 惟聖人爲能擇於陰陽之粹精，故曰蹟而不可惡，動而不可亂。（《周易外傳》，卷七，頁8）

人道之辨與擇，乃屬《易》「極深而研幾」之事，其義請論於後。

二、極深研幾與時偕行，延天以祐人

船山認爲吾人生命之意義與價值在奉性盡心，體天地大生之德，法乾坤之德能，助天地之化育，以與天地參。欲實現此一理想，則必須體認天道，盡人之知能，有所辨、有所擇，順應天理，以人道合天道，方能贊助萬物之

化育。換言之，延天祐人以實踐生命中成己、成人、成物之盛德大業。其所謂「延天祐人」者，船山曰：

> 聖人與人爲徒，與天通理。與人爲徒，仁不遺邇；與天通理，知不昧初。將延天以祐人於既生之餘，而易由此其興焉。（《周易外傳》，卷五，頁7）

人爲萬物中最靈最美者。孔子曰：「鳥獸不可與同群，吾非斯人之徒與，而誰與？」（《論語・微子》），生存於人類世界中之聖人，由體認一己生命之尊貴，推己及人，而敬愛普天下之人之生命。其與天下人於性命之同源同根處認同，油然而發深厚之同情感，由是而擴展己立立人、己達達人之同胞愛，親親而仁民，博施濟眾，行仁不息，此爲聖人與人之關係。至於聖人與天之關係，則一陰一陽之道於繼善成性之前，爲元、亨、利、貞之天德；於繼善成性之後，則爲仁、禮、義、信之人道。是以人道與天道有相貫通處，聖人奉性盡心而知天，上與天理相通，下與萬民共性命，遂以其廣大同情之仁心，研擬天道以立人道，順天應人，由正德、利用、厚生，以成己成人。因此，聖人於生靈苦難之衰世，奮其憂患之意識，熬其苦慮之德慧而作《易》，以合天治人，延天以祐人。祐者，助也。天之所助者，順也。順者，順乎理也。人之所助者，信也。信者，循乎物理而無違也。[註28]

然而《周易》如何延天以祐人？船山曰：

> 前使知之，安遇而知其無妄也，中使憂之，盡道而抵於無憂也。終使善之，凝道而消其不測也。此聖人之延天以祐人也。（《周易外傳》，卷五，頁7）

船山將聖人之延天以祐人分爲三層面：

（一）使知之，安遇而知其無妄也

聖人於萬物流轉，千變萬化之變易世界中，妙悟其中有不易之理，此不易之理係支配變易世界之客觀規律。聖人勞心苦慮，觀象窮理以通變，合天以體道，期能通達天則，明真實無妄之不易之理。此種支配變易之不易之理，稱之爲道或天理，亦即常理。船山曰：「天者，資始萬物之理氣也。」如能得理，則知天矣！延天祐人之第一步，乃發揮心官思慮之作用，觀象窮理，把握天理，以利用、厚生而造福人類。船山曰：

[註28] 請參閱《周易內傳》，卷五，頁33。

消長無漸，故不以無心待天祐之自至，來往無據，故不可以私意邀
物理之必然。……博觀之化機，通參之變合，則抑非無條理之可紀
者也。(《周易外傳》，卷七，頁 12)

變化之條理，須由「博觀」、「通參」之工夫而研求之。此即〈繫辭上傳〉所
謂「極深而研幾」也。船山註曰：「深者，精之藏；幾者，變之微也。極而至
之，研而察之者，神也。」(《周易內傳》，卷五，頁 28)，聖人「博觀」和「通
參」之工夫無神不至，無幾不察，「因其已然而益測之」〔註29〕故其能窮理通
變，以達天則，且順應天則，因勢利導於通天下之志，成天下之務。聖人將
其「博觀」、「通參」所得之天理，著之於《大易》，以待天下後學者感通而利
用之，此爲〈繫辭上傳〉所云：「聖人立象以盡意，設卦以盡情僞，繫辭焉以
盡其言。變而通之以盡利，鼓之舞之以盡神」。《易》之爻象爲各具十二位隱
顯之乾坤，相互錯綜、變通，卦之六位消長有幾，往來有迹，故其條理可得
而紀。乾坤之大用播於六十二卦以利民用而承天之祐，故剛柔之升降有定體，
陰陽之浮沉有異情，用舍之利害有明徵，其於立德、立功、用賢、養民、污
隆、治亂之理著矣！是故，學易之君子，所居而安者，乃大易剛柔消長之次
序，平時無事則觀其象而玩其辭，研求辭意所以然之理，以體會聖人所言之
涵義；遇事而有行動，則占其時位之所宜，以愼於得失而不忘憂慮，則進退
動靜一依於理，是以自天祐之，吉無不利。

(二)使憂之，盡道而抵於無憂也

船山認爲《周易》之象與爻係依象而立，而變與占係依數而生，象與
數相比較，象代表客觀存在之事物，具相對之穩定性，則象爲至常者；數
代表事物生成變化之情形，具有變動性，故數爲至變者，所謂「象至常而
無窮，數極變而有定。」〔註30〕然而象雖至常，卻因其無窮故有變，而數
雖至變，卻因其可治，有定，故有常可把握，所謂「無窮故變，可治有定，
故常」，〔註31〕可見常與變相涵，常與變爲對待而統一。學易之君子若能精
研象與數之關係，審愼於常與變化，則遇務而有所行動時，把握易道之常，
因變制宜以合「常」或「正」則可立功業，故曰：「常以制變，變以貞常，

〔註29〕船山曰：「人之以爲功於道者，則斷因其已然而益測之，以盡其無窮。」(《周
　　　　易外傳》，卷五，頁 19)
〔註30〕《周易外傳》，卷五，頁 7。
〔註31〕同前。

則功起矣。」可惜船山未能於其《易》學中進一步闡明象與數之關係，故吾人亦不得其詳。

由上述可推知王道盡於無逸，聖學審於研幾，於延天以祐人之事功中，若欲實現「抵於無憂」而與民同安樂之理想則必須先「終日乾乾，夕惕若厲」，先天下之憂而憂，船山曰：

> 惟聖人惟能憂其所憂而樂其所樂，則聖人終以憂治天下之患。（《周易外傳》，卷二，頁 22）

聖人所憂者何？曰：「聖人憂之者化不可知而幾甚危也」，〔註 32〕能知「化」知「幾」、能以「常」制「變」，應變貞常，方能有造福人類之事功，而至與民同樂之無憂境地。由「使憂之」至「抵於無憂」之關鍵則端視其能否「盡道」，蓋天下之生無不可與道為依，天下之理無不可與道為本，聖人本天道，觀物理，起人事以利用於成己、成人、成物之事功。是以，聖人順理以合天而助化育，順易之序而謹於微，於其欲行而未行之際，熟審天下之機宜，與天地相斟酌，擇其精粹以相稱合之，而起主持分劑之大用，以期肖天地之化，順天應人而無懟，如是方能實現「盡道」以延天祐人之理想。然而吾人應秉何原則以「盡道」？船山曰：

> 天崇而以其健者下行，地卑而以其順者上承，虛實相持，翕闢相容，則行乎中者是已。「行乎其中」者，道也，義也。道以相天而不驕，義以勉地而不倍。健順之德，自有然者，而道義行焉！繼善以後，人以有其生，……繼其健，繼其順，繼其行乎中者，繼者乃善也。行乎其中者，則自然不過之分劑，而可用為會通者也。……大哉！聖人之用《易》也，擇其精，因其中，合其妙，分以劑之，會以通之。（《周易外傳》，卷五，頁 17）

「盡道」者亦在於盡性，亦即充分發揮吾人性分內所固有之健順德能，知以「相天而不驕」，順以「勉地而不悖」，彼此以參助天地之化育，成就人性之善價值。「相天」、「勉地」者，其旨在行乎道義以盡道，亦即「行乎中」。蓋「中則正也」，〔註 33〕正者，合乎仁義也。大化流行，瞬息萬變，君子格物而達變，權宜時變，因其中「合其妙」，把握時機，因時立功以惠澤百姓。由於大易周流六虛，為道屢遷，妙生萬物而不可為典要，人則唯變所適，是以《周

〔註 32〕《周易外傳》，卷六，頁 9。
〔註 33〕《周易內傳》，卷三，頁 13。

易》極重視「時」與「中」，亦即由「常」制「變」，由「變」貞「常」之問題，勉人善體卦德，立本以趣時，順天以應人。故吾人可於《周易》常見卦之彖辭，贊時用之義，例如：

　　豫之時義大矣哉！（豫〈彖〉）

　　頤之時大矣哉！（頤〈彖〉）

　　大過之時義大矣哉！（大過〈彖〉）

　　遯之時義大矣哉！（遯〈彖〉）

　　睽之時用大矣哉！（睽〈彖〉）

　　蹇之時用大矣哉！（蹇〈彖〉）

　　解之時義大矣哉！（解〈彖〉）

　　損益盈虛，與時偕行。（損〈彖〉）

　　凡益之道與時偕行。（益〈彖〉）

　　革之時大矣！（革〈彖〉）

　　旅之時義大矣哉！（旅〈彖〉）

是故，船山認為宇宙間事物之發展，有普遍規律可循，此普遍規律稱之為「道」，「道者，物所眾著而共由者也」，〔註34〕道在天雖有不測之神妙，然其施用，落實於一定之時，所謂：「道所行者，時也。」道之施用有時空等諸般條件之不同，故道所產生之作用，其結果亦隨之而異，所謂：「道因時而萬殊」。是以，順道合天以祐人之君子、聖人，必依道所施用之諸般化迹中，研幾而極深，於時間變化之流中，把握事物演變之常道，使其「變」而不失其「常」，所謂：「與時盈虛而行權」，即因時處變而順道以治變，亦即權宜時變，行仁踐義以使事物合情合理而臻於圓滿融洽之境，而實現善德。船山曰：

　　道之所凝者性也，道之所行者時也，性之所承者善也，時之所承者變也。性載善而一本，道因時而萬殊也。……時亟變而道皆常，變而不失其常，而後大常貞終古以協於一。（《周易外傳》，卷七，頁22）

又曰：

　　時有常變數有吉凶。因常而常，因變而變，宅憂患者每以因時為道，曰：「此易之與時盈虛而行權」者也。……故聖人於常治變，於變有常，夫乃與時偕行，以待憂患。而其大用，則莫若以禮。（《周易外傳》，卷六，頁15）

〔註34〕《周易內傳》，卷五，頁12。

其所謂貞者，正也、變而不易其常也，〔註35〕時者，莫能違也。一者，善也。〔註36〕吉凶者，得失之象也。得失以理言，此處之「理」意指善不善，亦即是否合乎仁義。〔註37〕

　　船山特別注意「神無方，易無體」、「無期而有節」之《周易》特性，而曰：「君子於易也，取法各有其時，時者莫能違也。」〔註38〕大易之無方者，惟以時行，而君子與時偕行，其於時間變化之流中，針對事物變化之靈活性，主於一以循乎天理，「與時盈虛而行權」，極其變而行之皆順，知幾存義一因其時。所謂：「修德而制行者，因時以合道」也，〔註39〕故船山曰：

　　　　聖人順天道以行其大用，然後可以隨時，故歎其時義之大。（《周易
　　　　內傳》，卷二，頁14）

君子與時偕行，其行者必依乎禮，蓋船山曰：「易兼常變，禮惟貞常，易道大而無慙，禮數約而守正，故易數變而禮惟居常。」，〔註40〕易全用而無擇，禮因易而建，慎用而有則，「禮者，義之顯於事物者也」，〔註41〕故時中之道極深研幾，依禮而進，依義而退，故不失其常或正，船山曰：「積自彊之道以動而不餒者，惟禮而已，孟子謂之集義」，〔註42〕是以聖人知必極於高明，禮必盡精微，於天得德而順理，於地依禮而廣大其功業，知禮行乎天地而盡道，則延天以祐人矣！

（三）凝道而消其不測

　　易者，謀天下之疑也。聖人極深而研幾，以窮神知化，由時間變化之流中，抽出不變之普遍規律，即常道，為將此常道靈活妥善運用於生活中，故將之凝結成精要簡明之原則，以便隨機利用，以《周易》而言，此即乾坤之「易簡」原則，《易・繫辭傳》云：「夫乾，確然示人易矣；夫坤，隤然示人簡矣」、「易則易知，簡則易從。」吾人於生生不息，新新相續之變易世界中，

〔註35〕船山曰：「貞，正也；常也。剛柔之定體，健順之至德，所以立本，變而不易其常者。」（《周易內傳》，卷六，頁4）。

〔註36〕船山曰：「常一而變萬；其一者，善也。」

〔註37〕其義述於本書第二章第五節。

〔註38〕《周易內傳》，卷三，頁49。

〔註39〕《周易內傳》，卷五，頁25。

〔註40〕《周易外傳》，卷六，頁15。

〔註41〕《周易內傳》，卷三，頁12。

〔註42〕《周易內傳》，卷三，頁12。

若能隨時利用精要而便利之易簡原則，乃能以簡御繁而不煩，動則不失其正而不亂，秉此易簡原則以利用之，則可易知易從而妙其大用，行於遠近皆自知，抵之幽深而知以明，故船山曰：

> 聖人之於天下，鼎鼎焉，營營焉，愛而存之，敬而盡之，存其志，盡其務，其不敢不忍於天下者，以是為極深而研幾也。……一陰一陽之間，有其至賾而極詳者。……藏天下於爻，府天下於卦，貞天下於乾易坤簡，以其易簡，推之近遠，抵之幽深，會其參伍，通其錯綜，然後深可極而幾可研。要豈立易簡於事外，以忍於不知，而敢於不為也哉！（《周易外傳》，卷五，頁 22～23）

吾人若能「貞天下於乾易坤簡」，則能以吾人凝結所得乾坤精要之易簡原則，推演且會通大易卦爻系統上一陰一陽參伍、錯綜之理。由是「深可極而幾可研」，配易理於天下事，以人合天，順天以應人，延天以祐人矣！

再者，由於「易與天地準，故能彌綸天地之道」（〈繫辭上傳〉），吾人若能以精要之易簡原則把握易理，密審其理，將精要之易簡原理恒存於心，而措之於事。換言之，擬易以配於行事，察往彰來，顯微闡幽，則可預測未來而見幾行事，故船山曰：

> 陰陽之惉伏，與易為表裏。故曰：「易言其理，《春秋》見諸行事」、「守經事而知宜」，以極深也；「遭變事而知權」，以研幾也；而固已早合於神矣！（《周易外傳》，卷五，頁 23）

「陰陽之惉伏，與易為表裏」，《易》云：「易簡而天下之理得矣」（〈繫辭上傳〉），吾人若能把握凝結所得之〈乾〉〈坤〉易簡原理，利用於實際生活中，密與天地斟酌，則可「早合於神」而得神助神化之功。故能對將來之事預測其吉凶，預知其險阻，而把握時機，因勢利導以成大業；或終日乾乾，以防微杜漸，故「凝道而消其不測」，可延天以祐人矣。

三、取法大易以治萬民

由大易生命哲學所昭示之崇德與廣業，互為表裏，相輔相成，交互輝映。德之所以崇而盛者，必落實於現實世界中踐履親親、仁愛而愛物之事功，以滋長、顯發充實而有光輝之理想人格。業之所以廣者，必潛修日新之盛德，先正己之德而後忠恕體物，以廣大同情之仁心，推己及人，兼善天下。其濟世之心志，先天下之憂而憂，後天下之樂而樂，此乃《周易‧繫辭上傳》所

謂之：「吉凶與民同患」、「知周乎萬物而道濟天下」，亦即船山所謂：「聖人感人心而天下和平，天下和平則己之思慮釋矣！」。〔註43〕茲試由聖人立成器以爲天下利，以及養民、教民二方面來探討船山對廣業之具體內容之闡釋：

（一）立成器以為天下利

《易》云：

> 以制器者尚其象。（〈繫辭上傳〉第十章）

船山註曰：

> 「聖人之道」，聖人通志成務，而示天下以共由者也。「尚」，謂所宜崇奉以爲法也。……「制器尚象」，非徒上古之聖作爲然，凡天下後世所作之器，亦皆暗合於陰陽，剛柔、虛實錯綜之象。（《周易內傳》，卷五，頁 26）

夫易，聖人所以極深而研幾者，旨在通天下之志，以立開物成務之廣業。所以通天下之志者，蓋求其事之效其功能，求物之盡其利用，必因天下之務有所缺，針對其所需而有所爲，由是成事之能，盡物之用。所以尚象制器而能開物成務者，蓋由象之所著者，萬物之形皆以此爲虛實，吾人可依陰陽之變通行乎六位，而察陰陽、剛柔、虛實、錯綜之象，從而推其剛柔之得失，裁成而用之，故象立則君子可尚象以制成器用，以利萬民之日用，促進日新之文明。是以《周易·繫辭上傳》第十二章曰：

> 形而上者謂之道，形而下者謂之器，化而裁之謂之變，推而行之謂之通，舉而措之天下謂之事業。

蓋《周易》功用之一，在於吾人能變通其象辭，以所變通之義合於已成之象。船山教人所以須審慎推究聖人所繫之爻辭者蓋「辭所以顯器而鼓天下動，使勉於治器」，〔註44〕能精研卦象與爻辭，復將所消化之辭義，靈活措用於民之生活，推進物質文明，增益百姓之物質生活，此爲立成器以爲天下利之目的。《周易·繫辭下傳》第二章，曾略舉十三卦以解說尚象制器之義，例如：「……服牛乘馬，以重致遠以利天下，蓋取諸隨☷，重門擊柝以待暴客，蓋取諸豫☳，斷木爲杵，掘地爲臼，臼杵之利，萬民以濟，蓋取諸小過☶。……」，諸如此類，凡聖人之制器以利民用者，蓋取法於卦象陰陽錯綜之理數，故尚象制器以利民用，裨益民生者，乃學益之君子運用易理以立富有大業之一項

〔註43〕《周易外傳》，卷六，頁 10。
〔註44〕《周易外傳》，卷五，頁 26。

聖人之道。是以船山贊曰：

> 器成則謂之行，器用之廣則謂之變通，器效之著則謂之事業。故《易》
> 有象，象者像器者也；卦有爻，爻者效器者也；爻有辭，辭者辨器
> 者也。故聖人者，善治器而已矣。（《周易外傳》，卷五，頁26）

（二）養民與教民

聖人之於天下也，民胞物與，忠恕體物，人飢猶己飢，人溺猶己溺。其
所憂者，憂道之不行，民之未安。故聖人之於民，以博施濟眾之仁風義舉，
因時順道以正德、利用、厚生之。其要在養民、教民，以去民之患而安人，
茲分述其養民與教民之事。

《周易·頤卦·彖辭》有云：

> 頤，貞吉，養正則吉也。

船山註曰：

> 養其所當養則正，正則徧給天下之欲而非濫，以天下養一人而非泰，
> 咸受其福矣。（《周易內傳》，卷二，頁47）

蓋民以食為天，民生問題為治民之首要問題，民生之疾苦常因其生活基本之
所需未能滿足，或民生物質之分配失於公正，或貧富不均，或帝王橫征暴歛，
集天下之財貨以養少數特權階級，而漠視民生之所需，以致逼迫飢民罔顧禮
義，而趨於作亂之途，此猶孟子所云：

> 明君制民之產，必使仰足以事父母，俯足以畜妻子。樂歲終身飽，
> 凶年免於死亡。然後驅而之善，故民之從之也輕。今也，制民之產，
> 仰不足以事父母，俯不足以畜妻子，樂歲終身苦，凶年不免於死亡。
> 此惟救死而恐不贍。奚暇治禮義哉！（《孟子·梁惠王上》）

是以，聖人之養民，必上通天地養物之理，配合天時之行，順從物理，以增
加生產，以成天下豐豐之大業，復集富有之財物，審察觀度，依物類之宜，
人倫之正，因其時，合其宜而給普天下人之養，所謂：

> 天地養萬物，聖人養賢以及萬民，頤之時大矣哉！（《周易·頤象》）

倉廩已實，衣食已足，天下人既得其養，則應教之知榮辱、明禮義。孟子嘗
云：

> 飽食煖衣，逸居而無教，則近於禽獸。聖人有憂之，使契為司徒，
> 教以人倫，父子有親，君臣有義，夫婦有別，長幼有序，朋友有信。
> （《孟子·滕文公上》）

孔子論政亦有庶之、富之而教之之論。〔註45〕至於《周易》言教化之事，則散見於諸卦〈大象〉辭中，例如：小畜卦、觀卦、漸卦、蠱卦、巽卦、益卦……等等。船山對之闡釋甚精，茲舉諸卦中較具代表性之二、三卦予以解釋。

小畜卦 ䷈〈大象〉辭曰：

> 風行天上，小畜。君子以懿文德。

船山註曰：

> 「文德」，禮樂之事。「懿」，致飾而盡美也。禮樂自上興，無所施治於物，而以風動四方，君子以「風行天上」之理自修明於上，而無為之化，不言之教，移風易俗，不待政教而成矣！（《周易內傳》，卷一，頁45）

「禮者，文也。著理之常，人治之大者也」，〔註46〕人不可違常理而生活，為能依理而行動，則有以文飾理之禮節，可按之行止。以及感通人情，融合人心，使人群相和諧而不相離間之樂，所謂：「情相得而和，則樂興。」〔註47〕

君子制禮、作樂以教化人民，陶冶其性情，使百姓日積月累浸潤於禮樂教化之中而不自知，猶孔子所云：「導之以德，齊之以禮，有恥且格」，〔註48〕君子由此潛移默化中，坐收無為之化、不言之教。

然而禮樂之大用難以感化若干頑愚之民，因此需審察各方風土人情，權衡得宜，而因時、因地設教，以期達中和之最高理想。故觀卦 ䷓ 大象云：

> 風行地上，觀。先王以省方觀民設教。

船山註曰：

> 居上察下曰「省」。坤為地。「方」者，地之方所。陽君，陰民。「觀民設教者」，觀五方之風氣而調治之，使率彝倫之教也。「風行天上」，君以建中和之極，而開風化之原。「風行地上」，君以因風俗之偏，而設在寬之教。體用交得，而風教達於上下矣！（《周易內傳》，卷二，頁24）

所謂「觀」者，船山曰：「仰而視之曰觀」，〔註49〕又曰：「可觀之謂觀，以儀

〔註45〕《論語・子路篇》。
〔註46〕《周易外傳》，卷二，頁10。
〔註47〕同前。
〔註48〕《論語・為政篇》。
〔註49〕《周易內傳》，卷二，頁24。

象示人而爲人所觀也。闕門懸法之樓曰觀，此卦有其象焉。」〔註50〕蓋「陽君陰民」，則第五、六爻之陽爻高居於四陰爻之上，君子爲防淫辟而「觀五方之風氣而調治之」，針對各地風俗之偏，因地制宜，隨俗施正。爲使民咸喻而不迷亂，故設儀象，示典範，高懸於上，猶「闕門懸法之樓」，以爲民仰觀而資以效法之，藉此以振民育德，此乃君子用觀卦以設教之義也。

　　然而欲達到化民成俗之教化目的，除藉禮樂之功，用「觀」之義外，則君子必先正己，然後才能成人、成物，換言之，必先修己，然後安人，故漸卦 ䷴〈大象〉云：

　　　　君子以居賢德善俗。

船山註曰：

　　　　艮止以居德。巽風以「善俗」。止而不遷，入而不迫，君子體德於身，
　　　　居之安而自得。敷教於俗，養之善而自化，皆由浸漸而深。漸者，
　　　　學、誨之善術也。（《周易內傳》，卷四，頁17）

孔子曰：「政者也，子帥以正，孰敢不正。」（《論語‧顏淵》）君子正己以正人，移風善俗方爲有本之教。是故，君子若能自修正德，爲民典範而藉政治力量以施教，則自可於百姓積漸成習之潛移默化中，得風動草偃之效，其教化之澤普被萬民，猶大地厚載之無疆也。

〔註50〕《周易內傳》，卷二，頁23。

第六章 結 論

　　船山生逢明末衰世之變，於異族進逼、江山沉淪之際，雖明知事不可爲，卻仍以一介書生，奮身而出，舉兵抗敵。然大廈將傾，獨木難支，明朝終至淪亡，而其壯志未酬，抱撼天壤，遂懷亡國之痛，退隱山林，於志不得伸、業無可廣之餘，乃以「保文化即保民族」之大義自許，毅然承擔延續民族文化命脈之重任，潛心治學與著述，以期傳聖學命脈，繼道統國魂。是以出入經、史、子、集，而著述亦卷帙浩繁，其間有本有守，非漫無依歸。大抵經史配合，以經治史，以史學弘經學之用。船山深明六經四書，尤精於義，故能於大憂大患中自強不息，發宏偉之毅魄以大擔當，融會眾說以成龐博之學，茲依其《易》學，分別評論其治《易》方法、宇宙論、人性論及生命哲學。

一、治《易》法

　　船山於早年奔走國難，危急震撼之際，即研《易》，而「初得觀卦之義、服膺之理，以出入於險阻而自靖」。此後，船山自謂：「惟易之爲道，則未嘗旦夕敢忘於心」，其將憂患之生命，與憂患之易理，融結無間，達四十年之久，以易理指導其生命，以生命安頓於易理，切實受用《周易》之德慧術業，印證其高明之理。遂以體悟伏羲、文王、周公、孔子四聖同揆之易理，謂《易》學係先聖通志成務，窮理盡性之制作，學《易》者體天道立人極，盡人事以上合天德，苟精其義，窮其理，則無不可用之，以爲靜存動察，修己治人，撥亂反正之道。爲遙契安身立命，成德成業之聖學宗旨，且開示自身治《易》之心志與方向，乃以「四聖同揆」之信念，評議諸家之未能合於其所謂之聖學正訓者，觀其評議或多揭人之短，而少揚其長，難免令人覺其治學心量流

於狹窄，然觀其治《易》之背景，或能同情其際遇，而諒解其所持之心志。

吾人觀船山治《易》之綱領，大抵以乾坤並建爲諸卦之統宗，以陰爻、陽爻於卦爻之位間錯綜相易，爲變化之經。而以陰陽之消長、屈伸，變動不居者，爲不測之神。以錯綜合一爲象，象爻一致、四聖一揆爲釋。因其視《易》學爲成德成業之聖學，故側重義理之探究，以作進德修業、開物成務之指導，而略象數之談。且摒除只爲卜問個人休咎而患得患失之占卜，而主張「占學一理」，謂言天、言人、言性、言德、言研幾、言精義者固屬「學《易》」，而「占易」者亦當即微言大義之所存，崇德廣業之所愼，本仁義之正中，占所際遇時、位、人、事之宜而論得失吉凶，權宜時變以踐履仁義之常德，故其《易》學宗旨以「勸戒君子，不瀆告小人爲用」。爲宏揚聖學，闡微彰幽，故以經解經，不僅依《周易》解《周易》以求內證，且會通群經以闡釋《易》理，隱然而見一體系龐大，錯綜複雜之哲學思想。

船山治學以「四聖同揆」爲其立場，「四聖同揆」者，乃指伏羲之卦象與文王之彖辭、周公之爻辭、孔子之〈文言〉、〈繫辭傳〉等，皆相因相明，後聖以達先聖之意。船山「四聖同揆」之立場，不僅表示其對《易》學之價值觀、治《易》之方法，且反映出其對《易》之作者問題所持看法。《易》之作者問題，歷來學者聚訟紛紜、莫衷一是。吾人所能肯定者，乃《易》書係屬集體智慧之創作，其書既非出於一人及一時代，距今復歷史久遠，確鑿可信之文獻猶欠完備，是以《易》之作者問題屬專門性之考證問題，實超乎本論文之範圍，吾人視船山之言係一假定，予以存而不論，可矣！況且其言「四聖同揆」之旨意，乃在標示其即象見象，即象明爻，即象爻明傳之治《易》方法，期澄清焦贛、京房、陳搏、邵康節等數術圖說，而一返先秦儒《易》宗義理，切人事之原面目。然而，船山《易》學是否貫徹此一理想，如欲作一客觀之檢討，則須透過孔子授《易》傳《易》之鳥瞰，茲試爲扼要簡述之。

《史記‧仲尼弟子列傳》云：「商瞿，魯人，字子木，少孔子二十九歲。孔子傳《易》於瞿，瞿傳楚人馯臂子弘。子弘傳江東人矯子庸疵。疵傳燕人周子家豎。豎傳淳于人光子乘羽，羽傳齊人田子莊何。」及秦視《易》爲卜筮之書，得免焚書之難，故《易》之今古文本無大差異。劉師培先生於其《國學發微》云：「近代學者知漢代有今古文家之分，吾謂西漢學派祇有二端，一曰齊學，一曰魯學。治齊學者今文家言，治魯學者多古文家言，如《易經》一書有田氏學，爲田何所傳，乃齊人之治《易》者也（見《漢書‧儒林傳》）。

（大約京房為齊學一派，喜言災異，而東漢所傳則大抵為魯學一派，亦有卦氣、爻辰之說），是《易》學有齊魯之分。」今文經之《易》學，其傳授皆出於田何。《漢書・儒林傳》云：「及秦禁學，《易》為卜筮之書，獨不禁。授東武王同子中，雒陽周王孫、丁寬、齊服生。皆著《易》傳數篇。同授淄川楊何，字叔元，元光中徵為中大夫。齊即墨成，至陽成相。廣川孟但，為太子門大夫。魯周霸，莒衡胡，臨淄王父偃，皆以《易》至大官。要言《易》者，本之田何。」其中最能傳田何之學而光大者為丁寬，《漢書・儒林傳・丁寬傳》曰：「丁寬，字子襄，梁人也。初梁項生從田何受《易》。時寬為項生從者，讀《易》精敏，才過項生。遂事何。……復從周王孫受古義，號《周氏傳》。景帝時，寬為梁孝王將軍，距吳楚，號丁將軍；作《易說》三萬言，訓故舉大誼而已。今小章句是也。寬授同郡碭田王孫，王孫授施讎、孟喜、梁丘賀。由是《易》有施、孟、梁丘之學。」此外，京房受《易》梁人焦延壽，延壽云：「嘗從孟喜問《易》」。孟喜卒，京房以《延壽易》即《孟氏易》，孟喜弟子翟牧等不肯，劉向校書考《易》說，謂諸家《易》學皆出於田何，唯京房獨異。劉師培於《國學發微》云：「漢人治經多喜言災異，且多引讖緯，近於陰陽家言，京房傳《易》學于焦延壽。焦著有《焦氏易林》，而京亦作有《易》注，此陰陽家言之參入《周易》者也。」又東漢費直以經解經，亡《易》之章句，僅以〈象〉、〈象〉、〈繫辭〉、〈文言〉等十篇解說上下篇（見《漢書・儒林傳》）。綜觀兩漢《易》學，西漢今文之施、孟、梁丘、京四家盛行，立於學官，古文《費氏易》行於民間，不得立。東漢今文四家雖仍流行，然《費氏易》漸興，陳元、鄭眾皆傳《費氏易》，其後馬融亦傳之，馬融授鄭玄，玄作注，荀爽又作《易傳》，從此《費氏易》藉馬融、鄭玄之力大行（見《後漢書・儒林傳》）。而今文四家漸衰乃至失傳，漢人習《易》，仍以卜筮為主，而費氏以〈象〉、〈象〉等十篇說經，使《易》學趨於哲學之研究，而由卜筮轉為純儒家之學術，其所以較勝於他家者，不無原因也。熊十力先生云：「漢人滯於象，而不得孔子之意。雖間存古義，而無所發揮。蓋漢世《易》學家，大都承術數家之遺緒。即田何後學，號為正傳，實與孔子之《易》，無甚關係。孔子《易》學，在兩漢猶存一線者，幸有費氏。……兩書（《漢書》與《後漢書》）並云：費氏未嘗立於學官。據前書（《漢書》）所稱，費氏長卦筮，則亦兼考術數矣。而其說經，獨不取術數。班氏稱其徒以〈象〉、〈象〉、〈繫辭〉十篇，文言解說上下經。足徵專守孔子之義。徒以

二字，甚可玩。必由孔子之文以求其義，絕不雜術數家說。故曰徒以云云也。」（見《讀經示要》，卷三）。

然《易》學流傳至魏，王弼注一出，則情勢又爲之一變，蓋揚雄作《太玄經》，魏伯陽作《周易參同契》，咸溯源老氏，而成一家之言，王弼、何晏等雜糅老莊以注《易》、注《論語》。晉以後，鄭玄、王弼之《易》學皆立學官。至南北朝，南北經學不同，河北用《鄭氏易》，然亦間行《王弼易》。江左則主《王弼易注》。兩漢經學行於北朝，魏晉經學行於南朝，北朝經學有師承，具漢儒之遺風，徐遵授《易》盧景裕、崔瑾，景裕傳權會，權會傳郭茂，而言《易》者咸出郭茂之門，此北朝《易》學之師承也。南朝說《易》之儒有伏曼容、朱異、孔子祛、何充、張譏、周弘正，然咸以王弼注爲宗，復雜以玄學，與北朝排斥玄學者不同。然南方大儒亦有研治北學者，例如嚴植之治《周易》力崇鄭注（此處參見劉師培《國學發微》），北方之儒亦有研南學者，然河南青、齊之間儒生多講《王弼易》（見《齊書·儒林傳》），此北方《易》學漸同化于南方之始也。及北學既同化于南人，則南學日昌，北學日絀，影響所及，則魏學經師之熾，而兩漢經師之說淪。此唐初孔氏《正義》崇王弼注之所由，自是，孔氏疏爲正統《易經》。至論王弼所注之本，盡掃象數，而仿《費氏易》以〈彖〉、〈象〉、〈繫辭〉、〈文言〉解經之方式，《四庫提要·周易注》曰：「弼之說《易》，源出費直。直《易》會不可見，然荀爽《易》學即費氏學。李鼎祚書，尚頗載其說。……平心而論，闡明義理，使《易》不雜於術數者，弼與康伯甚爲有功；祖尚虛無，使《易》竟入於老莊者，弼與康伯亦不能無過。瑕瑜不掩，是其定評。諸儒偏好偏惡，皆門戶之見，不足據也。」《提要》所言，甚爲的當。後世諸儒，於王、韓之注，或稱其自標新學，或斥其流於虛玄。實則誠是瑕瑜互見。惟《易》由卜筮而完全轉爲哲學，王弼之功甚大，可謂功勝於過。

《易》學流傳至宋，復爲之一變。宋儒《易》學，大別不外象數、義理二宗，邵康節爲宋儒象數說《易》之大宗。象書中復歧出圖書一派，大昌於康節而出於陳摶，《宋史·儒林傳·朱震》曰：「震經學深醇，有《漢上易解》云：陳摶以先天圖傳種放；放傳穆修；穆修傳李之才；之才傳邵雍。放以河圖洛書傳李溉；溉傳許堅；許堅傳范諤昌；諤昌傳劉牧。穆修以太極圖傳周敦頤。」由此可推知彼時所謂象數之學，皆源於陳摶。陳摶本道士（見《宋史·隱逸傳》），得道家之圖，刱爲太極、河洛、先後天之說。宋人治《易》

者多宗之。周濂溪稍變之而爲《太極圖說》，考周子之太極圖與《道藏》中《上方大洞眞元妙經品圖》所載之〈太極先天之圖〉略同，此經有唐明皇御製序，似爲宋以前書，吾人或可推斷周子係取道士所用以講修鍊之太極圖，而賦予新解釋。吾人觀其圖，上段用《易・繫辭》中「太極生二儀」之說，下段則不用八卦而用五行，雖於圖說之末讚《易》，然非全據於《易》也。此後，理學家於宇宙發生論，多就其說推衍。吾人可謂陳、邵、周之《易》，出於道家之修鍊，非伏羲、文、周、孔子作《易》之本旨，故雖自成一家之學，而於先聖之《易》，實爲別傳而非正傳（見錢基博《經學通志》）。宋儒泰州胡瑗開宋代義理說《易》之先河，橫渠作《易說》、程頤作《易傳》以繼之，程頤於《易》頗推王弼，然其說理不雜以老氏之旨，頗爲純正。朱熹作《易本義》，雜用邵說，取河洛九圖冠於篇首，且附筮儀，大抵折衷於理數二家而不偏廢。此外，宋儒《易》學亦有不言理說數，而但言事者，例如李光著《讀《易》詳說》，耿南仲作《易經講義》，皆以史證經。

明代朱謀作《易象通》，以爲自周迄漢，治《易》者咸以象爲主，深闢陳摶、邵康節言術數之說。明末黃宗羲作《易學象數論》、黃宗炎作《圖書辨惑》及胡渭著《易圖明辨》，均力闢陳摶、邵康節之說。

以上爲《易》學由先秦至明清之際，其傳授與流變之梗概。船山處宋明理學之末，苦心沉潛，涵融諸說，神契橫渠，稱崇程朱，深極陸王，以匯成其博大複雜之思想體系。船山自宋學吸取過精華，然宋儒之學，所該甚爲博雜，劉師培於《國學發微》云：「宋儒之學雖多導源於佛老，亦多與九流之說暗合，特宋儒復諱其學術所自來耳。程子言孝悌尚躬行；朱子言主敬訂家禮；而濂洛之徒莫不崇尚實踐，敦厚崇禮，此儒家之言也。以虛明不昧爲心（朱子《大學注》），以明善復初爲性（朱子《論語注》），探之茫茫，索之冥冥，此道家之言也。橫渠之論造物；種放之論陰陽；邵子《皇極經世》之書；朱子地有四游之說，大抵遠宗鄒衍，近則一行，此陰陽家之言也。張子作〈西銘〉，以民爲同胞，以物爲同與，近於兼愛之說，此墨家之言也。」

於宋儒之中，船山宗仰橫渠，取其主氣化之宇宙發生論，然橫渠精思苦學，涉釋老、窮六經，其氣化之宇宙論「大抵遠宗鄒衍，近則一行，此陰陽家之言也。」船山早年著群經稗疏時，即以博覽漢代陽儒陰雜之說，無形中受之感染，復師法橫渠，益受陰陽五行思想之影響。是以，其於思想發展期間，對春秋戰國時代魯學與齊學二源，難免糾纏混淆，而沾染陰陽五行家之

氣息，例如其注張子《正蒙》時猶云：「天以其陰陽五行之氣生人，理即寓焉而凝之爲性。」（見《張子正蒙注》，卷三，〈誠明篇〉）復觀其接受周濂溪《太極圖說》，而衍生其《易》學之宇宙觀，直至晚年作《周易內傳發例》時，仍持其說，可見其《易》學之駁雜處。

然其《易》學研究末期，爲其思想成熟期，亦即晚年經子之學大有成就時，船山漸體悟「四聖同揆」之大易哲學思想，採費直微言大義之治《易》方式，而由博雜之齊學傳統，逐漸返歸魯學傳統，此點於其《周易內傳發例》可察知，例如船山於該文中，論河圖處，識察劉牧等，以五行雜入《易》學，其曰：

> 《河圖》者，聖人作《易》畫卦之所取則，孔子明言之矣。則八卦之奇耦配合，必即《河圖》之象，聖人會其通，盡其變，以紀天地之化理也，明甚。乃說《河圖》者但以配五行，而不以配八卦。不知曠數千年而無有思及此者，何也？故取則於《河圖》，以分八卦之象，使聖人則《圖》以畫卦之旨得著明焉，說詳〈繫傳〉第九章。其以五行配《河圖》者，蓋即劉牧易《洛書》爲《河圖》之說所自出。《易》中並無五行之象與辭，五行特〈洪範〉九疇中之一疇，且不足以盡《洛書》，而況於《河圖》！篇中廣論之。其云：「天一生水，地六成之」云云，尤不知其何見而云然。先儒但沿陳說，無有能暢言其多少生成之實者。不知何一人言之，而數千年遂不敢違邪？
> 《易》則文王、周公、孔子也，〈洪範〉則禹、箕子也，四聖一仁。

〈洪範・九疇〉中所提及之「五行」，係代表維持民生所必需之「五材」，非陰陽家所謂之「五行」，方東美先生於〈原始儒家思想之因襲及創作〉一文中有極透徹之解析（見《哲學與文化月刊》二十一、二十二期）。船山於晚年之《易》學著作中，頗著重純粹道德化之宇宙觀，視人類爲宇宙中能贊天地之化育，而與天地參，其由暢論乾坤大生廣生之德，以釋〈文言傳〉天人合德之精神，並據以發揮繼善成性，人文化成之生命理想，可謂結構複雜，氣魄宏大之思想。然其文字艱澀難懂，於《周易》文理之精純簡要處，名詞含蘊之真實確切處，往往游辭汎論，未能緊扣精確之意蘊以追究之，甚至其《易》學中代表最重要觀念之陰陽二氣，「氣」者究爲何物？亦含糊不清，而乏令人滿意之交待。其「乾坤並建」說，謂乾與坤均爲元，實有不妥處，蓋乾〈彖〉辭曰：「大哉乾元，萬物資始，乃統天。」坤〈彖〉辭曰：「至哉

坤元，萬物資生，乃順承天。」而船山注坤〈象〉辭處嘗云：「陰非陽無以始，而陽藉陰之材以生萬物。」可見乾坤之發育萬物，乾實爲發動之始元，坤乃順承乾以生成萬物者。是以，乾坤均冠以「元」，似有未宜，船山此處似受橫渠〈西銘〉視乾坤爲父母，及彼時社會倫理觀念之影響，而嘗云：「天之乾與父之乾，地之坤與母之坤，其理一也。」（《讀四書大全說》，卷八）依其意，則天之乾與父之乾，地之坤與母之坤，其理本一，蓋天人相通故也。天人相通，故父母一乾坤也。乾坤一父母也。

　　總觀船山治《易》，其能貫串群經，容攝眾說，以發展本身治《易》之方向，而漸臻成熟，且能將經歷史之流變而顯博雜混淆之《易》學，逐漸予以澄清，期能由齊學傳統返歸魯學傳統，而能以「即象見象，即象明爻，即象爻明傳，合四聖於一軌」之識見，遙契伏羲、文王、周公、孔子一脈相因相成之《大易》正傳，其間雖有仍未貫徹處，然小疵不掩大瑜，蓋其能將《易》學由卜筮、術數、圖書之烟霧中帶出，而返宗義理，切人事，修己治人，撥亂反正之儒《易》正傳，發爲氣魄龐大，義蘊宏闊之哲學思想，實足以爲吾人所推崇矣！

二、宇宙論

　　船山解釋《周易》之宇宙觀，甚能闡發《易經》中天地生生不息及萬物和諧並育之廣大生命氣象，吾人剖析其解釋宇宙論之理路，不難發現船山係以太極爲宇宙最高之實體，不受時間空間之限制，而爲萬事萬物之所從出，至論太極之內容則爲陰陽，船山曰：「陰陽者，乃太極所有之實也。……合之則爲太極，分之則謂之陰陽，不可強同，而不可相悖害，謂之太和。」船山以太極爲陰陽渾然爲一體者，陰陽相連不相離，徧佈在天地萬物間，不受時間之限制，所以名曰陰陽者，係就其顯發之效用而分。陰陽之效用雖可分，然而卻爲太極所寓之理主持之，分劑之，合同之，又因陰陽互爲和順，是以陰陽可謂一互相和諧、制衡之對偶，船山謂之「太和」，而曰：「天地之化機，陰資陽以榮，陽得陰爲實，相與並行之中，即有相制之用。」是以理寓於陰陽實有之氣內，而構成理氣一源說。故天地萬物皆具太極、含陰陽，有理且有氣，而陰陽之並行不相悖，從而所化生之萬物亦構成一和諧並育、相互調順、相輔相成之圓融世界。因此，船山以和順諧和斥截然分析之對立說，而曰：「截然分析而必相對待者天地無有也，萬物無有也」、「天地以和順而爲命，

萬物以和順而爲性，繼之者善，和順斯成矣！夫陰陽者，呼吸也……呼之必有吸，吸之必有呼，統一氣而互爲息，相因而非反也。」

其宇宙觀亦甚能神契〈繫辭〉：「一陰一陽之謂道」、「生生之謂易」之動態宇宙觀。船山解釋作爲宇宙生元之太極及太極所含陰陽實有之氣，均富於健動而生生之義蘊。其釋太極則曰：「太極動而生陽，動之動也，靜而生陰，動之靜也……一動一靜，闔闢之謂也。由闔而闢，由闢而闔是動也。」其釋陰陽則曰：「動靜者陰陽交感之幾也」、「陽非無靜，其靜也，動之性不失，陰非無動，其動也，靜之體自存」、船山由此動靜相函之觀點賦予太極、陰陽健動之特性，其所以強調動，係因動表現出強勁之創育工夫，「動」表現出生命之蓬勃活力，天地所以有大生之德，就繫於太極、陰陽善動之化生力量。故船山曰：「動者，道之樞，德之牖也。」船山經由太極、陰陽爲實有之觀點，所展現之宇宙，則爲健動而生生之宇宙觀。是故，《周易》之宇宙在船山之解釋下，成爲健動生生而實有之生命世界。所點化出來之動態、生態，可謂生氣活現，躍然於紙上。一陰一陽之道惟有能相繼不絕，化生宇宙無限生命之洪流，方能就其化生之功用，兌現其善之價值。是故船山於《周易》所表達之宇宙觀亦爲一價值之宇宙觀。再者，陰陽相連不相離，陰與陽所顯發之效用雖不同，然而卻和順於所函之理，是以，船山依此種見地所闡出之宇宙爲物物在現實世界中雖相對待、卻相輔相成、相互調和而統於一，宇宙爲萬物和諧並育之和順宇宙。

船山將其對太極陰陽之基本觀點，用於解釋《易》之卦爻系統，亦頗能前後呼應，首尾一貫，其解釋《易》卦之乾坤代表陰陽顯用之德能，乾坤交合，乾健坤順，以化育萬物，則代表陰陽交感以生萬有，由於陰陽不可分離，無孤陰孤陽之時，則船山依此義以並建乾坤，無有乾缺坤，或有坤無乾之時，所謂：「乾坤並建於上，時無先後，權無主輔，猶雷電也。」由於陰陽相連不可離，陰陽有隱顯而無「有」、「無」，故船山依其義而言乾坤各有十二位數，其隱現各六，乾卦六爻之位均爲六陽之顯位，而其背面之幽處則爲六陰之隱位，坤卦六爻之位均爲六陰之顯位，則其背面之幽處爲六陽之隱位。船山依此而主張，凡卦皆有陰陽十二位數，吾人所見各卦六爻爲顯位，其背面幽處則爲隱位。由於一陰一陽之道，係於善動中化育萬物，故船山以乾坤爲諸卦之統宗而謂乾之十二位數與陰之十二位數彼此交感，一陰一陽於六爻之位上升降、往來、消長，由參伍錯綜中衍出一套《易經》六十四卦、三百八十四爻，卦爻間錯綜相比之

旁通系統，象徵著宇宙在陰陽交感之化生中，發展出繁然皆備，至賾而有序之無窮事物來，也摩盪出千變萬化之活動和事端，是以船山曰：

> 《周易》之書，乾坤並建以爲首，易之體也。六十二卦錯綜乎三十四象而交列焉，易之用也。純乾純坤，未有易也，而相峙以並立，則易之道在，而立乎至足者爲易之資。屯蒙以下，或錯而幽明易其位，或綜而往復易其幾，互相易於六位之中，則天道之變化，人事之通塞盡焉。而人之所以酬酢萬事、進退行藏，質文刑賞之道，即於是而在，故同一道也。（《周易內傳》，卷一，頁1）。

船山這套對《易》卦之解釋法，將《周易·繫辭傳》：「乾坤，其易之門邪！」一章發揮得頗爲傳神，其欲將卦爻之遞變關係，點化出靈巧神妙而富有機趣。然而令人遺憾者，船山《易》學側重精微之易理，而未能將卦爻之演變，由象數之觀點專門研究以將六十四卦、三百八十四爻之遞變詳盡地展示出來，船山於其《易》學中雖亦涉獵，然語焉不詳，吾人不得其意，況且船山依其《易》學立場，嘗以〈繫辭〉所云：「神無方而易無體」及「《易》之爲書也，不可爲典要，唯變所適」之要義，據爲評他家《易》學之著眼點，其本身當然亦不願復墮入典要之論，因此船山雖發明《易》卦爻中，「參伍錯綜」義之端緒，然未能更深入發揮以臻於成熟，其於《周易內傳發例》中亦承認此點，而曰：

> 易之爲道，以錯綜相易爲變化之經，而以陰陽之消長、屈伸、變動不居者爲不測之神，間嘗分經緯二道以爲三十二象、六十四卦之次序，亦未敢信於必然，故不次之此篇。

此乃船山解釋《周易》宇宙觀之美中不足處。然而大體言之，其所闡發之《周易》宇宙論甚能把握《周易》實有、主動、尊生之精義，而成就前後一貫，脈絡可尋之較爲完整之思想體系，此一大可取之優點，係吾人所當推崇表彰，而不容因其小疵而予以抹殺，甚至全盤予以否定。

三、人性論

船山性命論除見於《周易內、外傳》之外，尚散見於其他經典之注釋中。其由天道化育萬物以立說，據天人授受性命之際，闡釋天德與人德相貫通，「元、亨、利、貞」之天德於降命生人之際，貫注於人之性分內，而爲人「仁、義、禮、智」之性，所謂：「在天謂之元，在人謂之仁」，「元即仁也，天人之謂也。」是故，人之所以爲人之「仁」體，既內在亦超越，依船山之解釋，

性爲心之體，情爲心之動，心主思慮作用，且具自由抉擇權，心性具在人內，則人之實踐道德價值以成就善德，方有倫理之形上根源可言。換言之，人有此天賦之基礎，則人之道德事業，方爲有根之本，有源之水，道德價值之踐履才具可能性。人能否行善，則端視其能否於其心惻然初動之幾微處，當下體認此人之天賦寶貴本質，自覺之，存養之，而於成己、成人、成物之生命歷程中擴充之，以期上達天德，臻於至善之境。

　　船山係由《周易・繫辭傳》「繼善成性」處闡釋天人貫通之義，從而解說人性之善，積心處慮求爲儒家天人合一說，予以形上之解釋。從而勉人奉性盡心以知天，由體天地好生之德，從而繼天之善，贊助天道之化育，以期實現自我豐實之生命、光輝之人格。其立論堪稱精彩可善之論。其於論理欲處則曰：「天理充周，原不與人欲相對壘」，蓋「物之可欲者亦天地之產」、「夫仁者天理之流，推其私而私皆公，節其欲而欲皆理者也。」故曰：「人欲之各得，即天理之大同」，船山此種天理見諸人欲之說法，頗爲切實精到。其論人之情、欲、才，則謂人之情、欲、才爲心所資用以成善，心能盡性知天，持誠存正（仁義），則能於受外物感動之際，藉情、欲、才之力顯發性理，實現善德。船山肯定吾人天生實有之稟賦，皆可以行善，故其論心性情欲才之人性結構處，不僅上通天德，貫通天人之理，且能落實於吾人日常行事間，飲食男女之大欲處，導人行踐義，其識見之切實而精到，實堪嘉許。吾人檢討其人性論係由性善之大前提以解說，對倫理及教育勉人行善之立場而言，其對道德實踐之可能性，能由人性之形上根源處著眼，頗有立論之功。然而其會觀群經，由諸多名詞之表詮以期通釋性善，其用心雖善，卻無形中落入繁瑣之論，不易使人由其博返其約。再者人間諸多醜陋之惡行，吾人由客觀之立場，直言不諱而指出，亦係人類有所作爲而顯發之事實。《周易》雖未涉及性惡問題，然而船山由析論性善之思路中，僅從側面附論，未能專就此問題積極對此事實，由天賦之性稟處予人較圓滿之解說，難免令人有美中不足之感。對於此點或許因船山之著述爲註疏之體裁，其對《荀子》無註疏之作，因此對性惡未有專門發揮之處，況且惡之根源問題一向被哲學家視爲煩惱之難題，亦非吾人一時所能輕易解決。

四、生命哲學

　　船山崇德廣業之生命哲學，甚能把握儒家「修己以安人」、「成己成物」

之內聖外王精神，藉《周易》之闡釋，發揮得淋漓盡致，船山視《周易》爲：
「聖人極天人之理，盡性命之蘊，而著之於庸言庸行之間，無所不用其極，
其作易也，引申盡致，以爲修己治人之龜鑑。」，又曰：「天道運於上，聖人
建其極」、「聖人受命於太極以建立人極」，蓋人極立則開示出一條盡人道合天
道之永恒路程。此永恒道路落實於實際生命中，即《周易》所謂崇德、廣業
之路。崇德與廣業係屬一事之兩面，彼此相輔相成以上達天德臻於至善。此
爲創發道德價值，宏揚生命意義之人生大道，其關鍵繫於吾人能否於宇宙時
間變化之流中，以靈活之時中把握不易之常理，進德修業以行仁合義，契合
《易》道，邁向永恒之價值，爲言說之方便，茲分道德主體之崇德與營客體
世界之廣業以論船山之旨要。

（一）由道德主體之崇德而言

船山依其人之性命論所衍生之心性修養論，主張吾人應奉性盡心以知
天，而用實踐功夫以存心養性，時時省察，持之有恒，以仁義之正發揮心、
性、情、才、欲之創發道德價值作用，擴充吾人天賦內在之仁體。換言之，
即彰顯吾人內在仁、義、禮、智之性，成就無限之善行善事以上合天德。然
而心性之修養與《周易》有何關係？依船山之觀點《易經》爲盡性之書，「聖
人作易以昭吉凶而利民用者，皆佑人性分之所固有，以獎成其德業，修之者
吉，悖之者凶。」而吉凶之判準端視於吾人之言行舉止是否合乎仁義，是否
能裨益於進德修業者。其所宏揚之《易》學乃正誼明道之教，而非謀利計功
之術，故船山曰：「《易》之義類深遠，學者當精研其義以體之於日用，而示
筮者知變化災祥之理，在於躬行之擬義。」所謂「擬議」者乃君子平居學《易》，
遇事而有所行動時，應用平時所學之易理，研幾察微，因其所遇之時、位、
事、人諸般際遇，占取適當之卦爻，體會卦德，就卦象爻辭變通而盡聖人之
意，以善利其用，而使吾人之進退行止皆能因時合正，此即船山所謂：「立貞
常之本，趣時而善動，君子於易取法各有其時。時者，莫能違也。」換言之，
期修德而制行者，皆能擬議精微之易理，就動靜之幾微處明辨是非，因時以
合義，寡過而進德，此即船山所云之：「以人道合天德必察其微」也。

由是可知，船山係將心性之修養，與《周易》得失進退之占融結一體，
教人平居則潛修易理，遇視、聽、言、動而有所行事時，則占所值之時、位，
擬議易理，會觀象爻辭而活用之，以仁義爲吉凶得失之判準，作爲修身進德
之指導。其能將易理落實於不可放鬆之修身功夫而密予靈活應用，此爲船山

《易》學之一大可取之處。

（二）以營客體世界之廣業而言

基於船山宇宙論所顯示之自然世界，係一生生不已，新新相續之動態化生歷程，所呈現之世界則係一密藏無盡，繁然皆備之富有世界。人生於天地之間稟受乾坤健順知能之德性，有聰明睿智，能思能慮，為天地間能治萬物，用萬物之主角，船山曰：「自然者天地，主持者人。」人與天地血脈相關連，船山曰：「天、地、人，三始者也，無『有天』而『無地』，無『有天地』而無人。」天地與人息息相關，共存共榮，天地富有之藏，須待人奮其才智以開拓、經營，方能創建成靐靐之大業。而透過人文化成之世界，乃益顯得有意義、有價值。人之尊貴處亦在於能體認天地生生之大德，盡其才智以贊天地之化育，建設光輝文明之世界，增益宇宙人類全體之美善。而人之生命透過此廣業之歷程乃益得豐實而偉大，人生之意義與價值亦更能成熟透徹。

然而廣業之事功與《周易》有何關係？依船山之意，《周易》係一部指導吾人盡參贊化育之功，以創富有大業之寶典，船山曰：「聖人與人為徒，與天通理，與人為徒，仁不遺退，與天通理，知不昧初，將延天以祐人於既生之餘，而易由此興焉。」依船山之見，夫易、聖人之所以極深而研幾者，即在於「博觀」化機，「通參」變合，相天勉地，以體悟天道（常道）而順應之，因時利導而通天下之志，成天下之務。因此船山有凝道、盡道以延天祐人之論，故曰：「祐神以合天而體道，易之所以廣大而切用於人用也」、「六位本有定體以著三才之道……人之有道本與天地相參而立……，凶者，未有不由乎人之失。吉者，未有不由乎人之得也。聖人作易，君子占焉，所以善用其陰陽於盡人事贊化育之中」，是以，船山認為聖人於天下所以「鼎鼎焉，營營焉」，繫因於聖人以憂患之心志，謀興民之利，以除民之患。故勞心困首以凝天之理，盡天之道，其用易也「擇其精、因其中、合其妙」，順天道以行其大用，不僅尚制器以資民用，利用、厚生以給民生之欲求，且進而施德教以化成天下。將物質文明與精神文明並行發展，以日進人類無疆之福祉。

船山透過對儒家「內聖外王」精神之把握，以解釋《周易》崇德廣業之道，頗能發揮儒家立己立人、成己成物之精髓，其所闡發《周易》崇德廣業之道，係條在變化萬千之蒼茫宇宙中，揭示吾人安身立命之人生大道。船山示人應就天人貫通之精微處，體認內在天賦仁體，恒存養、省察此道德事業之根，永恒價值之源，於崇德廣業之路途，層層擴充民胞物與之仁，在參贊

化育中立己立人，成己成物，步步提升人格精神以遙契天德，實現生命之永恆價值。是以，一部《周易》在船山之闡釋下，實爲吾人揭示實現人生意義和價值之方向，使人能更切實受用《周易》之德慧，而不流於神秘及空疏之談。由船山所闡釋之《周易》，吾人可見證船山確實能發揮其眞知實踐之治學方向，而能將《周易》精微之易理落實於吾人切身之生命，指導人生，安頓人生，教人將一己之生命與宇宙之大生命融和貫通，培養吾人寬宏渾厚之心量，激發吾人對生命世界之敬愛與關切，在崇德廣業之踐履，成己、成人、成物，共躋宇宙萬有於共存共榮之大同世界，或許此即船山《易》學所能啓示吾人之精神所在歟！

參考書目

一、《船山遺書》部份

1. 《船山易學》（上、下），第二冊，廣文書局，民國 60 年 5 月初版。
2. 《讀四書大全說》，第十二、十三冊，中華民國船山學會自由出版社聯合印行，民國 61 年 11 月重編出版。
3. 《四書訓義》，第八、九、十、十一冊，同上。
4. 《尚書引義》，第三冊，同上。
5. 《張子正蒙注》，第十七冊，同上。
6. 《禮記章句》，第五、六冊，同上。
7. 《思問錄內外篇》，第十七冊，同上。

二、其他專書部份

1. 《易程傳》，程頤，河洛圖書出版社，民國 63 年出版。
2. 《周易本義》，朱熹，大方出版社，民國 64 年 1 月出版。
3. 《易學通論》，王瓊珊，廣文書局，民國 51 年 4 月出版。
4. 《易學新論》，嚴靈峰，正中書局印行，民國 60 年 2 月臺 2 版。
5. 《易學討論集》，李證剛等著，眞善美出版社印行，民國 55 年 5 月出版。
6. 《四書集註》，朱熹，華聯出版社，民國 59 年 3 月出版。
7. 《儒家形上學》，羅光，中華文化出版事業委員會出版。
8. 《理論哲學》（下篇），羅光，文景出版社，民國 59 年 9 月再版。
9. 《哲學三慧》，方東美，三民書局，民國 62 年 1 月再版。
10. 《宋明清理學體系論史》，黃公偉，幼獅書店，民國 60 年 9 月出版。
11. 《孟子要義》，周紹賢，文景出版社，民國 59 年 11 月修訂 1 版。
12. 《中國哲學原論》（原教篇），唐君毅，新亞研究所，民國 64 年 1 月出版。
13. 《中國哲學的特質》，牟宗三，台灣學生書局，民國 64 年 10 月 3 版。

14. 《讀經示要》，熊十力，廣文書局，民國61年7月5版。

15. 《中國近三百年學術史》，梁啟超，中華書局，民國58年5月臺5版。

16. 《乾坤衍》，熊十力，學生書局，民國65年3月景印初版。

17. 《先秦漢魏易例述評》，屈萬里，學生書局，民國64年3月再版。

18. 《談易》，戴君仁，臺灣開明書店，民國59年12月2版。

19. 《周易大綱》，吳康，臺灣商務印書館，民國59年8月臺1版。

20. 《先秦易學史》，高懷民，東吳大學中國學術著作獎助委員會，民國64年6月初版。

21. 《孔孟荀哲學》，吳康，臺灣商務印書館，民國56年6月初版。

22. 《原儒》，熊十力，明倫出版社，民國60年元月初版。

23. 《儒家哲學》，梁啟超，臺灣中華書局，民國59年10月臺3版。

24. 《中國哲學論文集》，謝幼偉，華崗出版社，民國62年6月出版。

25. 《中國思想史》，馮友蘭。

26. 《中國近三百年學術史》，錢穆，臺灣商務印書館，民國55年臺3版。

27. 《朱子新學案》，錢穆，自印，民國60年9月初版。

28. 《心體與性體》，牟宗三，正中書局，民國60年11月臺2版。

29. 《生命的學問》，牟宗三，三民書局，民國65年1月4版。

30. 《國學概論》，章太炎，河洛圖書出版社，民國63年12月臺景印初版。

31. 《國學發微》，劉師培，廣文書局，民國59年10月初版。

32. 《經學通論》，皮錫瑞，河洛圖書出版社，民國63年12月臺景印出版。

33. 《經學通論》，王靜芝，國立編譯館，民國61年9月出版。

34. 《船山學譜》，王孝魚，廣文書局，民國64年4月初版。

35. 《王船山學譜》，張西堂，臺灣商務印書館，民國64年4月臺2版。

36. 《史記》，司馬遷，啟民書局，民國53年12月再版。

37. 《漢書》，班固，明倫出版社，民國61年3月初版。

38. 《宋元學案》，黃宗羲，河洛圖書出版社，民國64年3月臺景印初版。

39. 《清儒學案》，徐世昌，國防研究院中華大典編印會，民國56年10月臺初版。

三、短文及論文部份

1. 〈王船山先生的生平及其思想〉，方豪，《東方雜誌》，復刊第六卷、第3期，民國61年9月。

2. 〈王船山的家學淵源〉，唐侶叔，《民主評論》第六卷，第10期，民國44

年 5 月。

3. 〈船山思想述要〉，蕭天石，《船山遺書全集》第一冊。

4. 〈薑齋公行述〉，王敔，《船山遺書全集》第一冊。

5. 〈易經的生生思想〉，羅光，《哲學與文化月刊》第三卷，第 10 期，民國 65 年 10 月。

6. 〈王船山的易學〉（上、下），羅光，《湖南文獻季刊》第 6、7、8 期，民國 62 年 2 月。

7. 〈船山生命哲學之研究〉（上、下），張廷榮，同上。

8. 〈王船山的易學〉，梁亦橋，《中國學人》第 3 期，民國 60 年 6 月。

9. 〈易繫辭傳註釋〉（一、二），吳怡，《鵝湖月刊，第 15、17 期，民國 65 年 9、11 月。

10. 〈生機洋溢的大易哲學〉，高懷民，《鵝湖月刊，第 15 期，民國 65 年 9 月。

11. 〈中國哲學之通性與特點〉（一）（二），方東美，《哲學與文化月刊》第一卷、第 8、9 期，民國 63 年 10、11 月。

12. 〈原始儒家思想之因襲及創造〉（一）（二），方東美，《哲學與文化月刊》第二卷、第 11、12 期，民國 64 年 11、12 月。

13. 〈中國形上學中之宇宙與個人〉（上、中、下），方東美，《哲學與文化月刊》第二卷、第 6、7、8 期，民國 64 年 6、7、8 月。

14. 〈儒家的道德的形上學〉，牟宗三，《鵝湖月刊》第 3 期，民國 64 年 9 月。

15. 〈宋明儒家的三系，牟宗三，《鵝湖月刊》第 7 期，民國 65 年 1 月。

16. 〈哲學與時代文化背景〉，黃振華，《哲學與文化月刊》第二卷，第 5 期，民國 64 年 5 月。

17. 〈宇宙論的基本概念〉，張振東，《輔仁大學哲學年報》第 9 期，民國 65 年 6 月。

18. 〈論王船山之即氣言體〉（上、下），曾昭旭，《鵝湖月刊》第 10、11 期，民國 65 年 4、5 月。

19. 〈王船山的倫理學〉，黃懿梅，台大哲學研究所，民國 63 年度碩士論文。

20. 〈王船山研究〉，陳忠成，台大中文研究所，民國 64 年度碩士論文。